· 金融研究文库

RESEARCH ON
TRANSBOUNDARY STRATIFIED
TRANSMISSION OF
SOVEREIGN DEBT CRISIS

主权债务危机
跨国分层传导研究

何 珊◎著

中国经济出版社
CHINA ECONOMIC PUBLISHING HOUSE
北 京

图书在版编目（CIP）数据

主权债务危机跨国分层传导研究／何珊著．
—北京：中国经济出版社，2020．1
ISBN 978－7－5136－5443－2

Ⅰ．①主… Ⅱ．①何… Ⅲ．①债务危机—研究 Ⅳ．①F810．45

中国版本图书馆 CIP 数据核字（2018）第 259986 号

责任编辑　姜　静　赵立颖
责任印制　马小宾
封面设计　华子设计

出版发行　中国经济出版社
印 刷 者　北京富泰印刷有限责任公司
经 销 者　各地新华书店
开　　本　710mm×100mm 1/16
印　　张　14.5
字　　数　200 千字
版　　次　2020 年 1 月第 1 版
印　　次　2020 年 1 月第 1 次
定　　价　58．00 元
广告经营许可证　京西工商广字第 8179 号

中国经济出版社 **网址** www．economyph．com **社址** 北京市西城区百万庄北街 3 号 **邮编** 100037

目　录

第一章　导　论

第二章　国家主权经济实力分层结构

第三章　主权债务危机跨国传导的理论模型分析

第四章　主权债务危机传导的实证研究

第五章　主权债务危机同层传导及跨层传导的案例研究

图目录

表目录

第一章　导论

第一节

研究背景

一、选题背景

（一）近三十年来主权债务危机频发

人们曾经对于世界的边缘是什么情况充满疑惑，地球若是平的，边缘会如何？世界究竟是不是一块平板？海洋会从它边缘上倾泻下去吗？人类对此进行过实证，1622 年葡萄牙航海家麦哲伦（Ferdinand Magellan）领导环球航行，行至“世界边缘”时，他并没有掉下去。如今，人们已经认识到地球并不是平的，世界其实是一个弯曲的面，世界的边缘会如何的问题随之解决。同样地，对于主权债务，人们曾经认为那也是一块平板（国境之内）、有它的边缘（上限），所以我们好奇美国遇到国债发行上限后，美国经济会“违约”并掉下去吗？实证再一次表明，那没发生。20 世纪兴起的全球化浪潮已经深刻地改变了世界的政治和经济格局，让主权债务风险从一国的边界拓展至全球，跨越时间、跨越空间，在超长的时间标尺内和地理距离上传导，主权债务的偿付边界已被大大拓宽。

主权债务问题并非现在才有的话题，从历史文献来看，当古希腊和罗马还处于奴隶制时代时（公元前 4 世纪），国家就已经开始向商人、寺院等借债。因为“伴随着时代的发展、文明的进步，即便捐税也不够用了。国家利用期票借债，也就是公债来筹集资金”①。而主权债务违约就是从那时开始。据历史记载，公元前400年左右，古希腊发生过有记录以来最早的主权违约（Sturzenegger & Zettelmeyer, 2006），13个希腊城邦中有10个都拒绝履行对Delos的债务偿付义务。之后，社会动荡、革命和战争就一直伴随着主权债务违约。主权债务的发行和发展也与欧洲的崛起和此后数百年的殖民地历史相生相伴。

殖民地时期，发生主权债务违约最多的是发达国家。19世纪的时候，拉美发生了大量主权债务违约。独立后，为了发展本国经济，当时的这些新兴市场国家都积极发行外债，伴随债务堆积的就是一系列的主权债务违约事件。回顾几百年前的历史时期，我们甚至可以看到不少现在的发达国家的主权债务违约记录。不过到20世纪，国际的政治经济形势发展到了新的阶段，发达国家几乎没有再发生过主权债务违约，主权债务危机似乎不再是它们的问题。

分析最近三十年中有代表性的几次主权债务危机，如20世纪80年代初的拉美债务危机、1998年发生的俄罗斯债务危机以及2001年发生的阿根廷债务危机，主权债务危机会导致国家信用破产、经济下滑等问题，并在之后的很长一段时间里影响该国的综合国力。而近期的希腊债务危机、欧债危机及美债危机使主权债务危机的研究又一次成为学界和政策研究界的热门。

自主权债务诞生以来，对国家举债这个话题就有不同流派经济学家基于不同立场展开激烈的辩论，其中有各种观点，百家争鸣。回顾西方公债理论的发展历史，学术界大多以20世纪30年代为分界线。20世纪30年代前，西方公债理论主要观点为公债有害论，亚当·斯密、大卫·休谟、大卫·李嘉图和萨伊等是这一理论的代表人物；而

---

① 中共中央马克思恩格斯列宁斯大林著作编译局．马克思恩格斯全集（第21卷）[M]．北京：人民出版社，2003.

在20世纪30年代后，尤其在凯恩斯经济学被广泛接纳后，公债有益于一国经济发展的观点逐渐被人们接受，这一派观点的代表人物有约翰·梅纳德·凯恩斯和阿尔文·汉森。

凯恩斯学派的赤字财政主张逐渐被西方国家接受后，战后各国的财政赤字和政府债务持续增长并维持高位。特别是进入21世纪后，全球范围内的公共债务发生了爆炸性增长。到2013年1月11日，美国国债占其2011年GDP 14.9万亿美元的74.9%，规模高达11.16万亿美元；日本国债规模高达10.65万亿美元，占其2011年GDP总额5.87万亿美元的181.5%；希腊国债总额3367亿美元，占其2011年GDP总额的116%；英国债务规模2万亿美元，占其2011年GDP总额的82%；德国债务总额1.47万亿美元，占其2011年GDP总额的41%；中国国债总额1.32万亿美元，占2011年GDP总额的18%。全球多国进入“高负债”时代，债务问题成为各个国家必须面对的严重问题。

2009年的希腊债务危机重新敲响了主权债务危机的警钟，随后以希腊为发端，主权债务危机迅速向欧盟的其他国家蔓延，逐渐从一国的危机变为全球性的危机。主权债务危机如一个阴影，笼罩在每一个“高负债”国家的上空。然而，在欧债危机风起云涌之时，我们却也看到一个奇观，即一方面是部分国家的主权债务被“爆仓”，面临急迫的“节衣缩食”“欠债还钱”，另一方面却是美国大张旗鼓、不断地提高其国债上限，通过政治、经济、军事、科技、文化等强有力的组合支撑起美国的优势地位，货币超发、输出通胀以及观察全球各国的资产负债表，似乎都变成了美国的债务稀释工具。这种国际不平衡对比迫使我们不得不思考差异产生的原因。

笼统地说，一国发生主权债务危机就是其“资产负债表”存在问题。当我们将目光局限于国家巨额债务的偿还上，始终存在两个方向：

一个是随着时间的化解，主要表现为世代传承；另一个是沿着空间的化解，主要表现为债务风险向多国积累、传染和爆发。

20 世纪 70 年代以前，主权债务危机虽然频发，但主要表现为一国的危机，直至进入 70 年代后才表现出群发性，因其影响深刻而广泛，从而吸引学界对其进行深度研究。同时，虽然学界关注到主权债务危机的群发性特征，但是以往研究还是往往集中于危机中单个国家的表现，总体上表现为一种孤立和泛化的讨论。

（二）金融危机对新兴市场冲击的研究

尽管对全球性金融危机直接影响的关注越来越多，但是对全球性金融危机如何跨市场传导的研究并不多。以前的一些研究，比如，Claessens 等（2010）和 Mishkin（2011）通过生动形象地研究危机期间市场运动的相互作用来揭示全球金融危机和全球市场的传导机制。另一些研究从实证方面研究传导机制（Gupta & Donleavy，2009；Naoui，Liouane and Brahim，2010；Marcal et al.，2011；Kenourgios，Samitas and Paltalidis，2011）。

通过 1998—2002 年观察到的一系列的经济和金融危机，研究者们不断地对于不同传染渠道进行检验。过去大部分关于传染的工作都着重在成熟市场上而非新兴市场。由于以上提到的特点，越来越多关于新兴市场的研究正在进行，并且尤其强调危机的随时间变化跨市场的相关性（Kenourgios，Samitas and Paltalidis，2011；Kenourgios & Padhi，2012；Suardi，2012）。之前所述的大部分文献集中在亚洲、拉丁美洲和混合的全球市场的新兴市场，对于那些如金砖国家（BRIICKS）等新兴市场的股市关联的研究相对有限，很少有研究检验美国次贷危机对于新兴市场的影响。Dooley 和 Hutchison（2009）检验了美国次贷危机期间新兴市场脱钩的可能，报告了危机前脱钩和危机中重新挂钩的证据。运用非对称 DCC－GARCH 模型，Yiu、Ho 和 Choi（2010）检验了 11 个股票市场间跨市场的动态相关性（澳大利亚、中国内地、中国香港地区、印度尼西亚、日本、韩国、马来西亚、新西兰、菲律宾、新加坡和泰国），发现了2007年美国对于亚洲市场传染的有力证据，认为在亚洲危机期间美国和亚洲市场之间不存在传染。Aloui、Ben Aissa 和 Nguyen（2011）检验了金砖国家（BRICS）与美国之间的股票市场，运用联动方法以2004—2009年数据为样本，发现了在 BRICS 每个国家与美国市场之间（不论是牛市，还是熊市）都存在着相当高水平的随时间而变的相关性和连贯性。

Samarakoon（2011）提供证据证明美国金融危机冲击向新兴市场以及包括欧洲和非欧洲国家的前沿市场的传导。然而，通过重新检验以1997亚洲危机持续相关性为基础的传染证据，Choe（2012）以及其他人运用结构动态条件相关模型（SDCC - GARCH）指出，对于样本国家并没有传染证据。Kenourgios、Samitas 和 Paltalidis（2011）检验了1995年到2006年的金砖四国市场，分析了2002年以前的所有危机。他们的研究报告了每次经济危机中从危机国家向被检验市场的所有传染效应。Kenourgios 和 Padhi（2012）检验了几次危机即亚洲、俄罗斯和阿根廷危机以及2008年的全球金融危机，运用股票和债券市场数据，发现了亚洲和俄罗斯危机期间金融传染的证据。然而，阿根廷危机的传染效应局限在新兴市场。Suardi（2012）运用四个最盛行的市场指数，即新兴市场拉丁美洲、新兴市场、新兴市场亚洲，以及世界来分析全球金融危机的影响，目的是为了分析次贷危机对于新兴市场的影响，表明源于美国的危机对于成熟和新兴市场的强烈影响。

基于以上的研究，可以推测大部分研究都是分析新兴和成熟市场的各种危机的传染效应，但是没有研究覆盖最近2010年欧洲经济危机对于新兴市场的影响。在方法论前沿，虽然有对于传统时间序列模型应用的足够文献，诸如协整效应、因果关系和向量自回归模型，但是对于当代波动模型的应用只在关于金融传染的分析度的研究中盛行，已有的研究缺少跨国和跨时间的相关性模式变化的全面分析。

二、选题意义

在20世纪80年代和90年代的危机期间有大量的关于金融传染效应的文献研究（Dornbusch et al.，2000；Kaminsky et al.，2003）。为了测量市场间传染和外溢效应的波动性，早期的研究使用了一系列的方法，比如主成分模型、外溢模型、协整和矢量误差相关性模型、非对称和非线性关系模型、相互依赖模型等。另外，有关金融传染现象的研究主要围绕"相关性崩溃"的概念进行，即危机强化了相关性（King & Wadhwani，1990；Calvo & Reinhart，1996）。但是，自从Forbes和Rigobon（2002）的一篇发人深思的论文出版之后，金融传染研究文献中的许多局限性凸显，如测量相关性时的异方差问题、遗漏变量的问题、回归方程中对动力增量的需求至少影响了第二时刻的相关性和方差问题。为了解决这些限制性，提供更加充分的关于传染效应的证据，研究者开始运用更加复杂的方法，比如有条件的不对称和相关性模型、制度转换模型以及在存在或不存在制度因素下的动态函数模型。

有些研究关联信息渠道的存在性，通过这个渠道，传染效应可以看作从一个更加流动的市场或是能更快速发现价格的市场向其他市场的信息传播，最初只关注亚洲、俄罗斯、阿根廷三次主要的新兴市场危机。传染效应的文献指出了至少三种传染机制：第一是关联信息途径（Kaminsky et al.，2003；King & Wadhwani，1990）；第二是流动性途径，传染效应通过流动性冲击传播到全部市场（Allen & Gale，2000）；第三是风险溢价途径，当传染效应发生时，一个受干扰市场的不利收益率通过随时间变化的风险溢价影响其他市场随后的收益率。

这个分析覆盖了不同区域特定新兴市场经济体的股票和债券市场（拉丁美洲、亚洲、欧洲、中东和非洲），以及美国和两个全球股票及债券指数，用于比较研究。为了扩展研究视野，我们还研究了2007年至2008年次贷危机在这些新兴市场经济体的传染效应。

尽管关于美国次贷危机的全球影响的研究越来越多，只有少数的研究关注新兴市场经济体，例如，Dooley和Hutchison（2009）发现证据表明新兴市场经济体在2007年早期至2008年夏天有脱离趋势，但是后来由于美国金融体系和实体经济日益恶化的局势，新兴市场又有再结合的趋势。Aloui et al.（2011）发现较强证据表明金砖国家证券市场和美国市场之间存在随时间变化的相关性。

本书有以下四个方面的贡献：

第一，通过检验具有不同特征和不同起源地的金融危机传导非对称机制的存在性提供了关于传染金融理论的新证据。本书运用的DCC－GARCH模型非常适合检验对于不利冲击的非对称反应（不利冲击期间更强的传染效应）。

第二，鉴于对新兴市场经济体的研究非常有限，和以前研究的不同之处在于更关注来自不同区域和全世界的新兴股票、债券和外汇市场，而不是单一成熟经济体。在这种框架下，能分辨出新兴市场经济体中的这两种资产市场中哪个更容易受到金融传染效应影响。针对以债务为主要融资来源的新兴经济体的债券市场的传染效应是一个被较少实证研究的课题，现有研究大部分关注外汇市场和股票市场的冲击传播机制。

第三，次贷危机的传染分析也非常重要，涉及新兴市场经济体的传染效应是否被缓和化的争论。

第四，检验危机动态的差别揭示了一些解释变量，为关于新兴市场政策表现的弹性和持续性的争论以及新的国际或区域金融体系的建立做出了贡献。

因此，本书的写作意义主要有以下四个方面：

第一，研究在资产配置和风险管理中，金融危机是否强化了市场之间的关联。这个问题在学术界和实业界非常重要，特别是20世纪90年代以来新兴市场发生几次危机之后（1994—1995年墨西哥货币危机、1997年亚洲金融危机、1998年俄罗斯违约危机、1999—2001年阿根廷危机和1997—1998年巴西股票市场危机）。自从那时起，研究发生在单个国家的危机的模型陆续出现。但是，这些危机使人们重新聚焦于对于传染效应和股票跨区域、跨大陆传播性质的实证研究。和大多数危机事件相同的事实是，仅仅依靠经济基本面变动很难解释源于一个国家的危机会扩展到更广阔的市场和国家（Rodriquez，2007）。

第二，本书的写作目的是在更宽广的框架下研究具有不同特征的危机传导机制。这些危机有发生在新兴市场国家的（亚洲货币危机、俄罗斯和阿根廷政府违约危机），也有发生在发达国家的（美国次贷危机），并且说明新兴金融市场面对来自新兴经济和全球经济的冲击到底有多脆弱。为了达到研究目的，我们遵循有关文献把传染效应严格定义为爆发危机可能性的增加，不仅是基本面联系，还有危机期间市场之间协同效应的快速增强。理解危机的实质和区别对国际投资者、基金经理、政策制定者还有跨国公司具有非常重要的意义。

第三，研究结果对政策制定者和跨国机构提供了有用的建议，有助于隔绝或至少是削弱一个经济体受到传染效应的影响。首先，对于来自一个国家的冲击对其他国家传导机制的理解有助于政策制定者清楚的认识市场间的联系。政策制定者可以理解各自市场的波动率与区域以及全球市场的波动率之间的关系，从而提高他们对证券市场的监控与管理水平。另外，政策制定者可以关注国际货币政策以避免来自其他市场的冲击的不利影响。亚洲危机的区域内传染效应表明国际货币基金组织的协调救助方案对大多数受冲击的东南亚国家是有用的。救助方案包括相当大一笔救助款，1998 年 7 月救助款总额高达 1000 亿美元。对于阿根廷危机，国际货币基金组织和新兴市场经济体的主动政策（新兴市场经济数据传播增加、浮动汇率制度等）遵循以前的危机机制，改善了国家监管。俄罗斯危机冲击之后，美国和其他经济体的高利率导致对于流动性危机的广泛恐慌，并且对政策表现和协调性存疑，尽管有美国联邦组织的 LTCM 救助和全球性扩张性货币政策。

第四，研究的结果于国际投资者也有重要的意义。国际基金经理可以识别出冲击对证券市场的传导机制，从而改进他们在该区域证券市场之间组合分散投资策略。传染效应的存在表明投资于多元市场的分散化寻找在最令人向往的时候有可能变得较低。结果，只关注国际分散化的投资战略在危机期间有可能是不起作用的。另外，危机期间债券市场较低价差的证据表明，在危机时期，债券投资者拥有比股票投资者更高的国际分散化投资的潜在收益。由于国家和金融市场对于主权冲击的反应不同，整合不同新兴市场经济的债券和股票可能会比只有债券或只有股票的组合更加有利。

三、概念界定

本书研究的是危机的跨国分层传导，偏重于类似欧债的主权债务问题，所以需要将与主权债务相关的概念进行界定。

（一）主权债务

主权债务又称政府公共债务，是中央政府的对外借债。具体讲，它是政府为了满足实现其职能对资金的需要，按照合同的约定或法律的规定，从国内外筹集资金所形成的特点的权利和义务关系。在这里，作为债务人的本国政府，负有按期如数偿还债务的义务，而作为债权人的外国政府、国际金融组织、国内外企业、银行及非银行金融机构等，享有要求本国政府如期偿债的权利，两者共同构成债务的内容。由于是纳税者为国家提供的收入，主权债务实质上就是间接的纳税人债务。

（二）外债

外债指一国对国外的全部债务，主要包括了官方债务（即公共部门债务）和私人部门债务。通常情况下债务合同的所有条款由债权人来决定，以债权人所在国法律为依据，当债权人来自多国时，以国际法律为依据。

（三）政府国内债务

政府国内债务指一国政府在自己法律管辖权下发行的所有债务，与债权人国籍以及债务计价的货币种类无关，因此它包含了后文的政府外币内债。政府国内债务合约的条款可能由市场决定，亦可能单方面由政府决定。

（四）主权债务违约

主权债务违约指主权国家由于无法按约支付债务本金或利息而违背债务约定的现象，是一国政府失去主权信用、无法及时履行偿债义务的风险。因为政府实际上不可能真正破产，也不会突然停止为国民提供公共服务，因而其债务违约同私人部门无力偿债而破产相区别，管理方法上要更加复杂。从国际经验来看，危机国可以向 IMF 请求暂时的特殊贷款，但这时 IMF 一般会对危机国附加一些干预条件，例如设定经济增长和通胀控制的目标，要求必须实行严格的经济紧缩、货币紧缩政策、国家协助重组银行业并且要削减财政赤字等。由于这些措施相对严格，危机国可能因此而发生社会动乱，并且遭受批评，加之向 IMF 求援本身也是一种变相承认自己国家管理不佳的“屈辱”现象，使得危机国除非别无他法，一般不希望求助于 IMF。

另外，主权债务违约的定义并不单一。不同的学者、机构纷纷基于当前的学术研究需要和复杂的经济活动要求提出了各自的定义。三大国际评级机构定义的主权违约包括直接违约和债务重组，其中债务重组意味着债权人可能被迫接受更长的偿付期限或是其他更差的债务偿付条件。在学术研究中亦有不同定义，Detragiaehe 和 Spilimbergo（2001）认为，当一国拖欠债务额高于债务总额 5% 或是当其与债权人达成债务重组计划后，即发生了债务危机，也就是说债务危机的实质就是债务违约。Kraay 和 Nehru（2006）也给出了三种类型的债务违约：一是存在大额到期未还债务，二是如巴黎俱乐部的债务重组，三是特殊的 IMF 贷款。类似地，Manasse、Roubini 和 Sehimmelpfennig（2003）将紧急 IMF 贷款归入债务违约范畴，稍有不同的是他们给援助额设置了一个界限。此外，还有不太相同的从资本市场角度出发提出的主权违约概念，如 Pescatori 和 Sy（2004）提出可以利用统计学方法设定一个主权债务利差（sovereign bond spread）界限，当一国利差超过这一界限时就可以判定为违约。与之前的债务无力支付角度定义违约不同，这种定义利用了资本市场上的债券表现。由于国际债券市场的不断发展，在其中使用的成熟的手段，如资产定价公式等可以为评估主权违约风险提供更多的测试手段，这也使得这种定义在未来可能被更多的机构、学者用来判断债务违约。

本书采纳学界普遍使用的主权违约概念，即包含债务重组和直接违约，利用 Reinhart 和 Rogoff（2009）提供的历史数据进行分析。Reinhart和 Rogoff（2009）对主权债务违约作出如下定义：

> *A soverign default is defined as the failure to meet a principal or interest payment on the due date (or within the specified grace period). The episodes also include instances where rescheduled debt is ultimately extinguishied in terms less favorable than the original obligation.*

这一定义并不包含 Kraay 和 Nehru（2006）中的第三类违约类型，即“(3)非一般的 IMF 贷款”。使用这一定义也会对理论模型和实证模型构建有一定的影响。

（五）连续违约

连续违约指政府外债多次违约或国内公债（包括政府公开担保的债务）多次违约，包括两者同时违约。对于连续违约，其时间间隔为5～50年，违约程度从全部违约到部分违约（债务重组后得到优惠的支付条款延迟利息的支付）不等。现实中，主权债务完全违约比较罕见，虽然债权人可能很久才能得到部分偿付。

（六）主权债务危机

主权债务危机亦可简称债务危机，类似于通常的处理，本书将其同主权违约等价为一个概念。在 20 世纪 90 年代之前，主权国家违约是债务危机主要来源，因为一旦发生主权违约，伴随之的往往是一系列的不良反应，如市场恐慌、银行破产、资本撤离，继而发生经济衰退，债务危机诞生。Pescatori 等（2007）提出，20 世纪 90 年代之后，尽管很少出现债务违约的情况，但是许多国家仍旧面临着债务危机的同质流动性风险，因此他将债务危机定义为债务直接违约或主权债达到某一个临界值以上。Reinhart 和 Rogoff（2009）将债务危机分为外债违约和国内债务违约，其中外债违约又可以分为直接违约和债务重组两种情况，根据书中的描述，实际上直接违约和债务重组后投资者最终能够得到的收益率是相同的，所以两种情况大体同质，在研究时应当予以考虑。这种分类方式虽然准确直观，但却是一个非量化的定义方法，在数据的收集和准确度方面可能存在问题。

20 世纪 90 年代之后，国际债券市场得到了深度发展，主权债务开始由众多债券持有人分散持有，主权债务市场中的银行资本一定程度撤离，市场开始发挥作用并能够通过价格指示器实时反映违约风险。学界出现量化定义主权债务危机的视角。部分学者认为，政府债券利差等金融指标可以反映政府的信用风险，当这些指标高于某个临界值时，就显示出了金融市场对于政府信用风险的某种预期。Sgherri 等（2009）、Arezki 等（2011）使用了这种分类方式，从次贷危机后欧洲各政府之间的债券利差和债务 GDP 之比的关系方面来对主权债务危机进行研究。Pescatori 和 Sy（2004）基于债券利差（bond spread）定义债务危机，债务危机具体表现为债券利差超过某量化界限。

（七）外债危机

外债危机指一国政府不履行偿付发放在非本国管辖权下贷款的义务，即对国外债权人直接违约。外债危机中的贷款通常为外币贷款，且大都由国外债权人持有。2001 年阿根廷债务危机是历史上最大的外债违约，总计高达 950 亿美元，最终只能通过减免部分债务、延长支付利息事件形式解决违约问题。包括迈克尔·博尔多、马克·弗朗德罗、巴里·艾肯格林、彼得·林德特、艾伦·泰勒和约翰·默顿在内的众多现代主流经济史学家均十分关注诸如此类的外债违约事件。

（八）国内债务危机

国内债务指的是发行在本国法律管辖权下的债务，对大多数国家来说，其历史上大部分时期的国内债务都是以本国货币为计价单位并由本国公民持有的。尽管有关国内债务危机的记录很少，但并不意味着国内债务危机很少发生，相反，国内债务危机发生时，国内的经济环境通常更差。更因为国内债务危机发生时不会牵涉到外部债权人，加之国内债务数据的普遍不透明性，主流经济学家和媒体很少关注实际数量可能不少的国内债务危机，有关国内债务危机的研究文献很少。

鉴于以上情况，本书在讨论主权债务危机时，针对金融发达国家主要探讨以本币为计价单位的外债危机及部分的国内债务危机，对发展中国家主要探讨以外币为计价单位的外债危机。之所以区分发达国家和发展中国家来讨论，是由于发展中国家的金融市场普遍缺乏深度，资本为稀缺品，因而往往难以通过筹集本币得到支持经济建设的巨额资金，大部分发展中国家只能举借外债。

第二节

金融危机相关文献

主权债务危机是一种金融危机（包括银行危机、货币危机、债务危机和全面危机），因此梳理金融危机的相关理论和传导机制，也是对后续主权债务危机研究文献的梳理。

一、金融危机的理论

（一）国际金融危机的定义与分类

1．国际金融危机的定义

《新帕尔格雷夫经济学大辞典》将金融危机定义为“全部或大部分金融指标，如短期利率、资产（证券、地产、土地）价格、商业机构破产数和金融机构倒闭数等的短暂、急剧和超周期恶化”。世界银行将金融危机定义为“迫使银行体系受到重大损失甚至能够使之消除的金融事件”。

总结各方定义，当一国国内金融机构倒闭、货币持续贬值、可获得的借贷资金枯竭、金融市场动荡时，直接引发经济衰退，并经由多种渠道向外部传导，蔓延后造成区域性和全局性的全部或大部分金融指标恶化，此时便出现了国际金融危机。危机包括两方面内容：一方面，由于银行的支付系统、偿付能力和流动性遭受挑战，金融体系极为脆弱；另一方面，由于市场预期改变，危机的影响超出了银行体系，进而波及实体经济的运行。

2. 国际金融危机的分类

在《世界经济展望1998》中，国际货币基金组织（International Monetary Fund，IMF）分析、对比1997年的亚洲金融危机和20世纪90年代其他地区发生的金融危机后，根据表现形式，将危机分为四类（见表1-1）：

一是货币危机。过多兑换某种货币会导致该货币的大幅贬值（包括投机性冲击造成的后果），货币发行方为保护本币，可能被迫急剧提升利率或是释放大量的外汇储备。

二是银行型危机。由于实际或潜在的银行运行障碍，银行中止其负债的内部转换，可能迫使政府提供大规模援助。

三是债务危机。指的是一国不能偿付私人债务和主权债务，通常表现为外债危机。

四是全面危机。金融市场功能严重退化，金融体系遭受严重破坏，并对实体经济产生严重的负面影响，如同时或相继发生货币危机、外债危机、银行业危机等金融危机。

表1-1 金融危机的定义

危机类型	标准/定义	简评
货币危机	对美元（或相关基准货币，如历史上的英镑、法郎、德国马克及现在的欧元）年贬值超过15%及以上	采用杰弗里·弗兰克尔（Jeffrey Frankel）和安德鲁·罗斯（Andrew Rose）方法的变式，用贬值25%定义“二战”后严重的货币危机，用15%定义“二战”前严重的货币危机
银行危机	两类标志事件：①银行挤兑导致金融机构倒闭、合并或被公共部门接管；②在没有发生银行挤兑的情况下，一家重要的金融机构倒闭、合并、被接管或申请大规模救助	类型Ⅰ：严重的系统性危机 类型Ⅱ：温和的金融危机 这种标示银行危机的方法也存在缺陷，它标记的时间可能远比实际情况要晚

续表

危机类型	标准/定义	简评
外债危机	一国不履行偿付国外债务（包括主权债务和私人债务），也包括消极债务重组，即新债务合约明显对债权人不利	早期政府的赖账主要依靠缩减硬币的价值；现代则是通过纸币印刷，结果呈现出明显的通货膨胀倾向
全面危机/系统性危机	金融市场功能遭到损害，金融市场体系遭受到或者可能遭受到严重破坏，并对实体经济产生严重的负面影响，如货币危机、银行业危机、外债危机等或相继发生	在危机确认中，通货膨胀、货币危机和货币减值可被明确量化，而银行危机和债务危机主要通过事件定义，标记的时间可能远比实际情况要晚

（二）金融危机主要理论的核心内容

1. 债务危机理论

（1）欧文·费雪的“债务—通货紧缩”理论。

欧文·费雪（Owen Fisher）的理论核心思想是：在经济向好时，企业为利润最大化“过度负债”；当经济衰退时，企业的盈利能力下降偿债能力不足。这将产生连锁反应，最终导致货币紧缩，恶性循环使得金融危机发生。其传导机制为：企业清偿债务而廉价出售商品—企业存款下降、货币流通速度下降—物价总体水平下降—企业净值减少、债务负担加重、盈利能力下降—企业破产、失业率上升—人们失去信心、悲观气氛蔓延—人们追求更多的储蓄—名义利率下降、实际利率上升—资金盈余者不再放贷、资金短缺者不再借贷—通货紧缩。当国际贸易达到一定的规模，世界各地的金融机构有着密切的联系，造成危机在各个国家之间传导。上述理论解释了资本主义 1929—1933 年的经济危机。

（2）沃尔芬森的“资产价格下跌”理论。

沃尔芬森的理论核心思想是：由于过度负债，当银行不愿意放贷或减少贷款量时，债务人不得不低价出售资产，这将导致资产价格暴跌。由此产生两个效果：一是资产负债率的上升，二是债务人的财富减少，这两方面都削弱了债务人的偿债能力。债务压力越大需要折价处理的资产越多，资产减值变卖越多资产越贬值，债务负担进一步增加，形成恶性循环。

（3）萨特尔的“综合性国际债务”理论。

萨特尔（Suter，1986）从经济周期的角度提出该理论：随着经济繁荣，国际借贷总量的增长，中心国家（通常是有着雄厚资本的发达国家）的资本追求更高利润，因而流向边缘国家（通常是发展中国家），边缘国家外部债务相应增加；债务积累使得边缘国家负担加重，当经济低迷时，对初级产品的出口收入依赖严重的边缘国家就会由于收入的下降而逐渐丧失偿付能力，最终爆发债务危机。

上述研究能较好地解释主权债务危机中的各种现象，其主要思路皆是先对政府行为规范进行一系列设定，然后再分析市场的各步反应。从经济周期角度理解债务危机，通过分析经济自由化、资本流入、经济过热、泡沫经济孕育、财政结构的脆弱性增加、银行信贷风险上升，最终由某个触发因素引发债务链条的崩溃。

应该注意的是，这些理论大都把政府政策视为外生变量。林毅夫等（1999）讨论了这个问题，引入了经济发展战略的学说，将统治政府的行为内生化加入模型，如政府干预银行信贷、不恰当的金融自由化政策，以及政府向对外借款提供担保等。

总而言之，当今金融危机理论的发展方向，应当是将债务危机问题纳入整个经济周期的发展框架下来理解，而非单纯对金融市场本身进行讨论。

2. 银行业危机理论

（1）弗里德曼的货币政策失误理论。

根据货币政策失误理论，货币需求通常比较稳定，货币政策的失误导致货币供给与需求不平衡。此外，一些细微的局部金融问题，会因为货币政策失误（如突然通缩），经由银行恐慌被放大为全面金融动荡。

（2）明斯基的金融不稳定假说。

明斯基（Hyman P. Minsky）提出了这个假说。他细致地分析了金融系统内在的脆弱性，将市场上的借款者分为三类：第一类是“对冲型”的借款人（Hedge - financed Unit），即在整体上，借款人预期收入超过债务额，而且每一段时期现金流入能够偿付本息。第二类是“投机型”的借款人（Speculative - financed Unit），其总量预期收入超过债务额，但前一段时期内，现金流入不足以偿还到期债务本息，而后一段时间内，现金流入超过到期债务本息。第三类是“庞氏型”（PonziUnit）借款人，在每一段时期内，这类借款人的现金流入都不能偿付到期债务本息，只有在末期，其收入才足以支付债务本息，所以他们不断借新还旧，导致债务不断累积，潜伏危机越来越大。

在经济周期初期，“对冲型”的借款人是系统中的大多数，当经济由扩张转为收缩，借款人的盈利能力被削弱，“投机型”和“庞氏型”的借款人数量上升，财务风险加大。因此不稳定性是金融体系的内生特征，经济周期和经济危机是经济自身发展的必然，而不是外部冲击或错误的宏观经济政策导致的。

（3）詹姆斯·托宾的银行系统关键论。

詹姆斯·托宾（Tobin，1981）发表了银行系统关键论，其核心思想是：银行在金融危机中起着关键的作用。银行在企业过度负债时，将提高利率，减少贷款，从而控制风险，但因为银行的这些举措，企业的投资会减少甚至破产，本已脆弱的金融体系可能因为这些连锁反应更快地走向崩溃。

（4）戴尔蒙德和荻伯威格的“金融恐慌”理论。

戴尔蒙德和荻伯威格（Diamond & Dybvig）提出，存款人流动性需求的不确定性和银行流动性矛盾是银行体系脆弱性的根本原因。1983 年，他们提出了银行挤兑理论，也叫 D－D 模型。其核心思想是：根据统计学原理，正常情况下，储户不会同时撤回存款，但是银行挤兑会因为银行破产等突发事件出现。

（5）麦金农的“道德风险”理论。

麦金农认为，由于存在存款保险制度，以及“最后贷款人”的机制，一方面，银行会产生道德风险；另一方面，存款人对银行的监督会在很大程度上存在缺失。

综合上述理论，简而言之，大多数经济体，即使是相对贫穷的经济体也要依靠金融部门从存款人（通常是消费者）手中归集资金，并分配到经济中好的投资项目上去。如果危机导致银行系统瘫痪，经济想要恢复正常会很难。伯南克曾经表示，20 世纪 30 年代的大萧条之所以持续时间如此之长，对经济打击如此之重，很大程度上就源于银行的倒闭。

3. 货币危机理论

自 20 世纪 70 年代后期起，学术界开始了针对货币危机的研究，相关的理论也最为成熟。货币主义论的代表弗里德曼和施瓦兹（M. Friedman & SchwartZ，1963）、卡甘（Cagan，1965）认为，金融危机就是银行系统恐慌，在著名的《美国货币史，1867—1960》一书中，弗里德曼和施瓦兹证明银行系统恐慌造成美国货币不稳定。他们表示银行系统恐慌影响货币攻击，传导至实体经济。施瓦兹（Schwartz，1986）运用货币主义理论，进一步区分了所谓的“真正的金融危机”和“虚假的金融危机”。她认为，“金融危机是因为担心支付手段无法由任何价格催生，在部分准备金制度下将导致对于高能货币的争夺”。在后文中我们将分析货币危机理论。

（三）对国际金融危机的模型化认识

1. 第一代国际金融危机模型（表现为货币危机）

1973—1982 年墨西哥危机和 1975—1981 年阿根廷危机等货币危机被称为典型货币危机，是现代金融危机理论模型的建立基础。Krugman（1979）提出了这一模型，之后 1984 年这一模型由 Flood 和 Garber 扩展范围并相对应简化机制。这一模型描述了一国采取固定汇率制时，由于政府引导经济发展，会产生赤字财政从而导致通货膨胀、实际利率提高，继而引发投机冲击，最终演变为金融危机。

模型的基本原理：假设处于一个小型开放经济中，经济体的汇率固定为购买力平价汇率（以其主要贸易伙伴国货币为锚），人们只能消费单一可贸易商品；对经济主体的资产有三种选择，即国内货币、本国债券和外国债券，三种资产相互之间可以替代；为了简化讨论，假定人们有完全预期能力，经济体中只有中央银行，基础货币量等同于货币存量，等同于本国信贷总额和央行外汇储备之和；再假定本国信贷扩张是外生给定的，本国的信贷扩张速度为一常数。

在上述假定下，投机冲击的根本原因是基本面恶化，政府的赤字财政是危机的根源。当政府实施赤字财政，必须依赖与本国的信贷增长来弥补，扩张的财政政策和货币政策使国内需求增加，从而拉升物价，在购买力平价成立的假设下，外汇实际汇率上升。

假设央行会出手维持固定汇率，直至外汇储备降到一定界限，则模型分析将主要针对私人部门和公共部门在国内货币市场的行为，货币市场均衡条件可以表示为：

$$m - p = - a(i), a > 0 \quad (1-1)$$

其中，m 表示本国货币供给量 M 的对数，p 表示本国价格水平 P

的对数。i 表示本国的利率水平，a 表示货币需求对利率的半弹性系数（Semi－c1asticity）。信贷 D 及外汇储备 R 共同决定了货币供给 M。出于简化分析考虑，用三者的对数关系写出一次方程 $m=d+r$。由于我们假定了资产间可以互相替代，利率平价理论保证无套利，由投机效率假说和购买力平价（PPP）可得：

$$P = P^* + s \tag{1-2}$$

$$i = i^* + s^* \tag{1-3}$$

其中，P^* 与 i^* 分别为本国的价格水平和本国的利率水平，设其为外生变量，s 表示汇率，是外币的本币价格，s^* 为升贴水率。固定汇率下，$s=\bar{s}, s^*=0, i=i^*$。将式（1－2）、式（1－3）代入式（1－1），得：

$$d + r - P^* - \bar{s} = -a(i^*) \tag{1-4}$$

即：

$$d + r = P^* + \bar{s} - a(i^*) \tag{1-5}$$

式（1－5）表明：当一个小国实行固定汇率时，货币当局为维持汇率水平 $\bar{s}$，必须不断的调节国内的货币供给（$d+r$）。若假定政府困于赤字财政或其他经济调整要求，必须让国内信贷以线性速度 μ（$D=\mu$）不断增长，此时相应的外汇储备必然以相同的 μ 不断减少，若信贷规模不断扩大，国家的外汇储备就会耗尽。现假设投机者开始购买政府的外汇储备，则 $r=0$，政府没有足够的外汇储备来支撑固定汇率，必然面临选择汇率浮动还是货币贬值的压力，一旦政府调整其目标，投机者的投机冲击就会获胜。

2. 第二代国际金融危机模型（表现为货币危机）

第二代金融危机模型是由 Obstfeld（1994，1995）提出的，也称多层次均衡自促成的危机模型。这一模型将市场上的交易主体和政府之间的关系结合起来，不再只是分析政府单方面的举措，他强调投机者的信心可能导致政府做出选择是否维持固定汇率，着重于多层次的均衡理念（Multiple Equilibrium）和危机的自我实现（Self-fulfilling）特征。

这一代的危机模型有三个新特征：一是分析了政府被迫放弃固定汇率的理由，包括政府采取扩张性政策解决失业问题、引导本币贬值以减轻债务等；二是分析了政府维持固定汇率制的理由，包括政府能够让国际社会相信本国币值稳定的能力、政府要维护本币信用防止恶性通胀、稳定币值有利于国际投资和贸易等；三是认为政府做出选择时，其维护固定汇率的成本会因为外界的预期或者怀疑而上升。

若取变量的自然对数形式，以 e 表示外汇的本币价格，以 p 表示国内价格水平，以 p^* 表示国外价格水平（为外生变量，假设为常数，在此简化为零），且 PPP 成立，则 $e = p$ 。国内产出水平 y 为：

$$y_t = \alpha(e_t - w_t) - u_t \tag{1-6}$$

其中，u 是均值为0、方差为 σ^2 的由国外利率、私人和政府需求改变等因素造成的振荡冲击，w 代表名义货币工资，t 期的工资取决于 $t-1$ 期的汇率预期，即：

$$w_t = E_{t-1}(e_t) \tag{1-7}$$

假设政府的目标是将损失函数减为最小。政府的损失函数是：

$$L_t = \sum_{s=t}^{\infty} \beta^{s-t} l_s = \sum_{s=t}^{\infty} \beta^{s-t} [\theta(e_s - e_{s-1}) + (y_s - y^*)^2] \tag{1-8}$$

其中，$0 < \beta < 1$ ，是贴现因子。在 t 期，政府的流量损失可表示为：

$$l_t = \theta(e_s - e_{s-1})^2/2 + [\alpha(e_t - w_t) - u_t - y^*]^2/2 \tag{1-9}$$

给定 w_t ，损失最小化要求：

$$\partial l_t / \partial e_t = \theta(e_t - e_{t-1}) + \alpha[\alpha(e_t - w_t) - u_t - y^*] = 0 \tag{1-10}$$

令 $\lambda = \alpha^2/(\theta + \alpha^2)$，代入式（1－10），推导出的损失最小条件，可得政府对私人预期（及刚性工资）的反应函数：

$$e_t - e_{t-1} = \lambda(u_t/\alpha) + \lambda(w_t - e_{t-1}) + \lambda(y^*/\alpha) \qquad (1-11)$$

式（1－11）表明：①政府维持汇率平价的部分原因是为了抵消振荡 u 对产出 y 的影响；②由于 w_t 是由 $t-1$ 期决定的，当高工资带来的通货膨胀风险可能削弱竞争力时，政府最理想的政策就是贬值，同样，政府愿意通过贬值拉动产出超过其“自然”水平；③只有当 $\theta \to \infty$ 时（表明对通货膨胀的厌恶程度为无穷大），$\lambda \to 0$，政府的最优选择才是维持固定汇率制，此时，λ 用来衡量政府愿意调节政策以顺应私人预期的程度。

然而，政府行为也会影响私人部门的预期形成。比如，劳动者和厂商会根据式（1－11）确定相应的工资水平，由式（1－7）和式（1－11），合理预期均衡为：

$$w_t = e_{t-1} + \lambda E_{t-1}(u_t/\alpha) + \lambda(w_t - e_{t-1}) + \lambda(y^*/\alpha) \quad (1-12)$$

因为 w_t 的确立是依据 $t-1$ 期的信息，因此，$E_{t-1}(u_t) = 0$。

$$w_t = e_{t-1} + \lambda(y^*/\alpha)/(1-\lambda) \qquad (1-13)$$

将式（1－11）与式（1－13）联立，均衡的贬值率为：

$$e_t - e_{t-1} = \lambda(u_t/\alpha) + \lambda(y^*/\alpha)/(1-\lambda) \qquad (1-14)$$

此时，政府可以选择坚持不变的汇率政策（不管经济环境如何），但政府必须放弃对难以预测的产出冲击进行干预（除非 $\lambda = 0$）；政府也可以相机抉择，但是会付出信誉下降、下一期的汇率贬值预期压力进一步加大等代价。

3. 第三代国际金融危机模型

随着经济的发展，第一代和第二代的危机模型表现出其局限性，难以解释亚洲金融危机为代表的新金融危机。而第三代的金融危机模型开始强调金融机构在危机中的作用，跳出了原先的货币政策、汇率机制、财政政策等的分析框架，分析资产价格变化。这一模型并没有唯一的表述形式，它是一类模型的汇总，包括金融恐慌模型、金融系统不稳定模型、孪生危机模型、羊群行为模型、金融传染模型、道德风险模型、外资诱导型模型等。以下对其中的部分模型进行简要介绍：

（1）金融恐慌模型（银行挤兑模型，D－D 模型）。

Valasco 等在 Diamond 和 Dybvig（1983）的银行挤兑模型（D－D 模型）基础上提出了这一模型。模型的基本思想是：银行的基本功能是对流动资产和非流动资产做出一些匹配，它扮演的是金融中介的角色，这一转换特征使得它本身就极易遭到挤兑。由于存款人预期的自我实现性，外部冲击导致银行挤兑。Radelet 和 Sachs 用这个模型很好地阐述了亚洲金融危机的产生原因。

（2）金融不稳定模型。

该模型又分为以下两类：

第一类：协调失败模型。类似于银行挤兑模型，协调失败模型分析了金融系统结构对金融危机爆发的传输机制。这一模型的重点在于将存款人的收益外生于模型，单个存款人的收益由系统决定。这一调整使得相对于银行挤兑模型而言增加了信息溢出效应。模型内的部分存款人只是根据他们观察到的其他人提取存款的情况来调整自己的行为，只有一部分存款人会得到准确的风险资产长期收益信息。银行的挤兑现象事实上就是由这种信息的溢出效应和外生收益的情况导致的。

第二类：流动性市场无效率模型。银行有很多方法来应对流动性问题，如同业拆借或是直接变卖自己的长期资产。当面临外部冲击时，如果市场并不够充分流动和有效，某个银行的流动性困难将引发系统性流动性危机。该类模型包括：①内生资产价值模型。Donaldson（1992）提出的模型中，当银行的现金储备不足时，银行可以发行以其非流动资产为标的的证券。我们将储备代理人定义为那些购买了银行非流动资产的代理人。当银行发行证券时，这些储备代理人竞价决定证券的价格。若市场上的流动性短缺并不明显，或者储备代理人处于弱势地位，证券的“公允价格”就会由经济基本面决定。若市场上流动性需求很大，或代理人通过联合，证券交易价格就会低于所谓的“公允价格”。②银行间同业市场流动性无效率模型。一个经济体往往由很多家银行构建，一家银行的流动性短缺问题可以被银行间额同业拆借市场很好地解决。但如果这个同业拆借市场是无效的，则流动性问题不能通过银行间的相互拆借解决，甚至会在银行间传染。

（3）危机传染模型。

信息传染。由于经济体中的银行往往都有正的投资收益相关性，当存款人发现银行间的这种正相关性时，就很容易出现信息的传染。一组银行的存款者由于获得该组收益信息而对该银行挤兑时，其他银行的存款者受到信息噪声的影响也会出现类似行为，所以当单个银行遭受挤兑时，其他银行也极易因为信息传染而发生恐慌。

信贷关系传染。发达的同业市场能够协助解决流动性问题，但也增加了风险传染的危险。同业负债很可能导致银行倒闭或者流动性危机在银行间传染。

（4）孪生危机模型。

Kanminsky 和 Reinhart（1999）指出银行危机和货币危机之间有很强的固有联系，提出了“孪生危机模型”。Stoker（1995）指出，固定汇率条件下，外部冲击会导致货币危机，货币危机引发的信贷收缩，企业破产最终会引发银行业危机。Mishkin（1996）则认为当货币危机发生时，由于银行有大量以外币计价的债务，这些债务会使银行面临问题。Mckinnon 和 Pill（1996）认为，货币危机和银行业危机有很多的共同原因，如经济不景气等。

（5）“外资诱导型”货币危机模型。

这一模型由世界银行（1997）和 Calvo（1998）提出，他们认为，货币危机的症结是外资，大规模外资流入、波动和撤离引起货币危机。一国的宏观经济运行和银行业发展会在很大程度上受到外资流入的影响，流动的大规模外资会使得宏观经济缺乏稳定性，如出现经济过热、通胀、汇率飙升、经常账户恶化、泡沫经济等。大量的外资流入还会使得银行业出现盲目的信贷扩张、大量风险贷款产生，不良贷款比例增加，银行系统因此充满风险。一旦发生外部冲击或内部振荡，外资大规模撤离，货币危机就会发生。这种模型的重点在于引出了一个外资诱导国内银行业信贷盲目扩张、破坏国内经济金融稳定的传导机制。

4. 总结三代金融危机理论

第一代金融危机模型认为，金融危机是宏观经济变量恶化的结果，当货币政策、财政政策盲目扩张、经济恶化时，金融危机就会爆发。因而作为政策执行者，必须放弃原先依靠印刷货币来解决赤字财政的想法，实行稳健的货币政策、财政政策，保持政策一贯的方向。第一代的危机模型，特别以 Krugman 模型为核心的模型，很好地解释了拉美货币危机。这一模型的缺陷在于它只是以小国为研究目标，假设条件过多，以至于模型中的情况和现实情况很难对应。特别是，模型假设了政策制定者是按照公式一成不变地制定政策，并没有考虑市场的影响，政府会坚持扩张的货币政策和赤字财政，耗尽外汇储备维持利率。这些假定本身和现实就不太相符。

第二代金融危机模型很好地解释了 1992—1993 年爆发的欧洲货币体系危机。与之前的货币危机不同，欧洲国家并没有出现信贷快速扩张的现象，并且它们的货币币值也在危机之后就恢复正常，这种发生在实体经济健康情况下的货币危机也同样得到了解释。

第三代金融危机模型与之前的两代模型不同，它的重点不在货币危机和汇率问题，而是关注了银行危机和货币危机之间的联系，强调了投资者心理预期的影响，并分析危机和经济变量的联系。次贷危机和欧债危机的经验将会很好地促进第三代模型的发展。

二、金融危机传导机制

金融危机频发的特征是在 20 世纪 90 年代后才出现的，也从那时候起，学术界开始关注于金融危机的国际传导机制研究，时至今日，其已逐渐成为国际传导的理论研究的热点，最终演化出了金融危机国际传导研究这一领域。Krugman 认为，“几乎所有金融危机都会在全球传播，并造成危机的蔓延”。IMF（1999）则认为，“金融危机的外延和传播范围变得越来越广，现象越来越明显”。目前，学界普遍对国际的金融危机传导也有了一些共同看法。

（一）金融危机国际传导的含义

IMF 将金融危机的“净传导”（Pure Transmission）定义为“一个国家的危机导致债权人对其他国家的基本面进行重新评估，即使评估结果不会出现完全相反的变化，债权人也有可能为降低在他国资产组合的整体风险，抛售部分资产，导致该国资产价格下跌，发生危机”。

HolgerWolf 认为，传导（transmission）是“在经济基本指标没有发生共同变动的情况下，不同市场发生了共同的变动”。

Forbes 和 Rigobon（2001）认为金融危机的传导是指“一国遭受冲击之后，跨市场的联系显著增强的过程”。

Dasgupta（2004）认为“金融危机传导是金融危机从某机构，某地区或者某国向其他领域或地区扩散的过程”。

Pericoli 和 Sbracia（2003）对金融危机传导特别是国际传导的含义进行了梳理，总结了四种情况：一是指一个国家发生危机导致另一个国家发生危机的可能性增加。该定义通常与货币危机的实证研究相联系，认为如果一些国家发生了贬值，危机导致另一些国家发生了货币贬值，那么传导就发生了。二是指危机国家的波动性溢出到其他国家的金融市场。此种情况基于对危机时期金融市场资产价格波动性上升的观察，将金融危机定义为波动性的上升，而将金融危机传导定义为以波动性为代表的不确定性在国际金融市场的传播。三是指危机在一个市场或者一组市场发生时市场之间价格和数量同步变动的显著增加。四是指一国发生危机导致市场之间的结构发生变化，从而导致危机传导渠道发生变化，即称之为传导或者“变动性蔓延”。前两种情况侧重于整体的金融危机传导，后两种侧重于与基础变量无关的“纯传染”。

本书对于国际金融危机传导的定义更倾向于李小牧的定义，即：金融危机从一个国家（或地区）向另一个国家（或地区）的传输过程。

（二）金融危机国际传导的研究文献

金德尔伯格（Charles P. Kindleberger）是最早系统研究金融危机的传导的学者，他的《疯狂、惊恐和崩溃：金融危机史》（*Manias, Panics and Crashes: A History of Financial Crises*）已成为最知名的国际金融危机历史研究的著作之一。他认为经济扩张时期的投机和盲目信贷扩张导致金融危机，并经情绪波动至信心丧失传导，市场通过投机资本流动、贸易、国际市场利率和汇率变化以及投机者的情绪变化，综合影响，进而传导危机。1992—1993 年的欧洲货币危机之后，Calvo、Masson、Kaminsky 和 Reinihart 等大批学者对此做了研究，其中具有代表性的理论包括溢出效应（贸易溢出和金融溢出效应）、季风效应（Masson，1998）和净传染效应（见表 1－2）。

1. 溢出效应

溢出效应（Spillover Effect）是由初始危机国向国外传播危机的效应，具体包括贸易溢出和金融溢出。

（1）贸易溢出效应。

贸易溢出效应（Trade Spillovers Effect），即通过贸易渠道输出危机。与危机起源国有贸易联系的国家会遭受经常账户恶化、外汇储备规模减小的情况，将无力应对可能的国际投机资本供给而产生危机。Gerlach、Kaminsky、Corsetti 等基于此提出危机传导的贸易原因，主要有两种观点：通过贸易伙伴型传导和通过竞争对手型传导。Gerlach 和 Smets（1995）首先研究贸易伙伴型的传导，他们认为贸易伙伴型传导主要通过竞争力和价格效应进行。竞争力效应指危机发生国本币贬值，本国相对价格水平下降，商品的竞争力上升，而贸易伙伴国由于货币相对升值，增加进口、减少出口，可能出现经常账户逆差，诱发资本攻击最终导致危机和货币贬值；价格效应指危机发生国本币贬值，降低了贸易伙伴的进口产品相对价格，贸易伙伴国国内物价水平下降，减少本币需求，其央行需要使用外汇回收货币，诱发投机资本攻击。竞争性贬值伤害了竞争性贸易对手的出口竞争力，若这些国家仍维持固定汇率，则其央行成本会上升。这些国家可能在投机资本的攻击下采取贬值措施，一旦国际投资者做出贬值的一致预期，它们的投机攻击会更加疯狂（Corsetti，1999）。Huh 和 Kasa（1997）分析了东亚的货币危机传染，使用一个动态模型分析了竞争性贬值，模型中还隐含了汇率合作，这一研究为 Kenen 的研究打下数理基础。

（2）金融溢出效应（Financial Spillover Effect）。

金融溢出效应（Financial Spillovers Effect）由 Masson（1999）提出，是指金融危机过后，该国的市场流动性不足，其国内的金融机构会从其他的金融市场中撤回自己的资产，这样会导致与该国金融联系密切的金融市场同样面临流动性问题，大规模的资本撤离导致了危机的跨国传导。下面通过对银行和机构投资者的行为分析（国际市场主要参与者），剖析金融溢出效应的具体过程。

1）跨国银行行为。

在国际金融市场中，跨国银行是主要的资金提供者，它们连接了世界上的不同国家并使资本在其间流动。国外学者对金融溢出的研究表明，有两种途径会使银行实现国家间的危机传染：一是共同贷款者效应，二是银行间的流动冲击与资本关联。

A. 共同贷款者效应。

跨国银行很多作为国际间的金融中介，会向多个国家提供贷款。这些得到贷款的国家从某个贷款者得到资金后，一旦其中的一个国家发生危机，带出资金的国家就会遭受很大的损失，同银行的坏账效应类似，为维持国家的资产负债水平，这些国家会减少贷款，拒绝展期或延长到期的贷款，并从接受贷款国撤回其认为的可能坏账资金，这样被撤回贷款的国家的贷款减少，可能引发流动性危机，并使危机传导，产生所谓的“共同贷款者效应”。共同贷款者通常意义上会是某地区内持续输出贷款资本的国家，如东亚的日本、为拉美提供资本的美国等。亚洲金融危机爆发后，东亚的泰国、印尼和马来西亚由于都依赖日本的贷款，其中一国的危机就会迅速传播到另外的国家，使得危机蔓延。Kaminsky 和 Reinhart（1998），Caramazza、Ricci 和 Salgado（1999），以及 Rijckeghem 和 Weder（1999）的研究中都证实了共同贷款人效应的存在。

B. 银行间的流动性冲击与资本关联。

由于银行系统将银行都联系在一起，相互之间完成多边的支付和清算，因而银行间的债务关系往往交织在一起而极为复杂。当某家银行出现支付困难后，很容易传染到整个系统，产生系统性流动性危机。已存在的危机会通过银行间市场快速蔓延到别的国家的银行系统，多米诺骨牌效应会带来金融机构间的全盘危机。

Allen 和 Gale（2000）的分析基于三种结构金融中介模型。他们认为：金融市场不能创造流动性，只能重新配置资产的流动性。当全球都面临流动性短缺时，某些银行必然会破产，并且蔓延到每个地区。当传染发生时，金融市场是否能够稳健地抵抗传染显得极为重要，一个足够大并且完备的金融市场能够很好地抵抗这种传染。但如果金融市场本身就存在效率低下、监管无力等问题时，脆弱的金融系统极易被传染。当然，如果全球的金融市场联系程度不高，由于常见的传输路径阻塞，传染也很难发生。

2）机构投资者的资产组合运作。

由于机构投资者往往运作着大量的资金，近年来机构投资者的迅猛扩张已经使得它们的行为在国际市场上引起了极大关注。区别于普通投资者，机构投资者往往通过组合投资分散风险，很多的基金按照地域划分市场分散风险。但这样一来，一旦某地区遭受货币冲击，基金可能会抛售这一板块的资产，这一举措会引起这一板块的抛售浪潮，波及板块中的其他国家。

此外还有机构的投资策略和交易机制加速危机传染。Calvo（1999）用信息获取的不一致性解释了基金经理人的“集体行为趋同”。根据 IMF 的有关研究，“由于不完全信息和信息不对称导致的市场预期会使得在全球化背景下的金融市场加剧从众效应”，从而导致私人资本的流动剧烈波动。

2. 季风效应

季风效应（Monsoonal Effect）指同时影响全球基本面的冲击（Masson，1998），通常主要的发达经济体的政策变化和商品原材料价格变化影响新兴市场，使其经济陷入危机。季风效应主要通过基本面产生冲击，宏观基本面脆弱的国家更容易受到影响。Sachs et al.（1996）表示，有三大宏观基本面要素会特别突出，包括高估实际汇率、脆弱的银行系统、较低规模的外汇储备，这些因素将影响危机传染的严重程度。

3. 净传染效应

净传染效应（Net Contagion Effect）是传染的核心。事实上，投资者的心理预期会传染危机。净传染并非从宏观经济基本面的方面来解释危机传导，因为两个联系并不紧密的国家可能并不会发生经济层面的传导。传染是通过投资者在一国发生危机后自发的重新评定其在其他不相关联的国家的投资情况，从而达到“传染”的“自我实现”。当投资者因为某国的危机而发生投资情绪的变化时，他们的投资决策会使另一个国家的经济发生变化（例如汇率暴跌、资产价格下降，资本大规模撤离等），这一国家的经济可能因此也产生危机，这被称为“传染效应”（Masson，1998），或者“真正的传染”（True Contagion）（Kaminsky & Reinhart，2000）。

投资者的判断在净传导效应中起到关键效果。一旦投资人预期某国的资产市场会同危机国一样崩溃，他们的决策会自发实现，并使得更广泛的有类似宏观基本面背景的国家跟着发生自发实现的经济崩溃。这就是“羊群效应”“蜂聚效应”或者“委托代理效应”的现实表现。“羊群效应”或者从众行为，是指社会中个体由于受到群体的影响，表现出与群体或多数人类似或一致的行为，这种行为的出发点是个体力图避免自身与群体之间矛盾，增加自身安全性。导致“羊群效应”的两种解释是信息成本和激励机制。Agenor 和 Aizenman（1998）将市场上的投资者划分为信息优势和信息弱势群体，由于小投资者无法承担信息收集成本，所以只能跟随信息优势群体进行决策。Scharfstein（1988）、Avery 和 Chevalier（1999）、Roll（1992）、Maug 和 Naik（1996）以及 Brennan（1993）等则从基金经理的声誉激励和报酬激励两个方向研究了“羊群效应”的产生原因，并认为放弃私有信息模仿他人投资行为，是维持自身声誉和报酬水平的理性选择。净传导的原因在于，投资者认为一些国家间存在基本面、政治、文化等相似性。净传染效应很好地解释了 1998 年的东南亚金融危机的传染作用。

表 1-2 金融危机主要传导效应

效应类型	标准/定义	简评
贸易溢出效应	危机通过贸易渠道，使与之有贸易联系的国家经常账户恶化，外汇储备减少，无力应对投机者的攻击而陷入危机	具体分为以下两种类型： 类型Ⅰ：贸易伙伴型传导 类型Ⅱ：竞争对手型传导
金融溢出效应	某国发生的金融危机造成国内流动性不足，迫使其金融机构清算在国外的资产，从而导致与其金融关系密切的市场流动性不足，造成大规模的资本外逃，实现危机的跨国传导	实证检验表明，在危机传导中，对于金融市场发达的国家，金融溢出效应重于贸易溢出效应；对于金融市场不发达国家，贸易溢出效应为主要传导途径
季风效应	一般是主要发达国家的经济政策变化或者主要商品价格变化使新兴市场国家陷入危机，同时影响所有国家经济基本面的总的或全球性的冲击	主要传导工具包括：①发达国家的利率、汇率政策；②全球商品价格（如石油）
净传染效应	危机传导无法从宏观基本面来解释，两个国家之间的经济联系比较薄弱，但是，一个国家的危机导致投资者重新评价其他类似国家的经济基本面，从而产生预期“自我实现”的多重均衡	净传导效应属于纯心理的范畴，在实证检验中是最具难度的。Zhu 和 Yang（2004）以牛顿的万有引力定律为理论指导，引入“心理距离”代表净传导效应，结果表明投资者之间的“心理距离”相似性是金融危机传导的主要原因，从而丰富了净传导效应的实证研究

4. 其他理论解释

（1）系统性金融风险理论。

系统性金融风险（Systemic Finanncial Risk）与个体机构风险或单因素风险相对应。Hartmann 和 Bandlt（2000）研究认为，系统性金融风险是指由于金融机构倒闭或金融市场崩溃等金融机构的负面效应对其他金融市场或金融机构形成的冲击。宗良（2010）认为系统性金融风险是指金融危机爆发的概率，而金融危机则是指系统性金融风险充分暴露并造成巨大损失。Crocktt（1997）解释了系统性金融风险：由于许多金融机构和经济主体背负的巨额债务以及由此引起的这些机构资产负债结构的恶化，或者由于金融资产价格异常和剧烈的波动，使得它们在受到外部冲击时显得极其脆弱，进而使国民经济运行受到严重影响。Paul Krugman（2002）认为系统性金融风险是指与金融整体结构或整体健康相关联的风险，通常由于系统中聚集大量风险因素以致系统自身无法进行处理导致，往往具有较强外部性、宏观性、扩散效应以及巨大的破坏性，这些特性通常会使国家利益和主权信用受到威胁和损害。一般情况下，系统性金融风险表现为系统性金融危机，伴随着资产价值的暴跌和经济急剧衰退。

（2）金融脆弱性。

Kaminsky 和 Reinhart（1999）认为金融脆弱性的传导效应包括三种：一是纽带传导效应，脆弱性的发源地与被传染地之间存在着高度依存性和相关性，使脆弱性容易传导；二是外溢效应，指危机向周边扩散范围超过了发源地范围的情况；三是板块联动效应，由于一个板块内部存在某种共同属性，金融脆弱性会通过这种共同的属性在板块内进行危机传导。在这种传导模式里，危机发源地与被传染地之间似乎不存在经济依存关系或明显的联系。

Schreft 和 Roger（2001）认为，金融脆弱性的原因是经济中存在着某种放大机制，使小的外部冲击能够产生大规模的影响。

国内学者杨宏斌（2008）认为，金融脆弱性对危机传导有两方面作用：一是不良资产的负外部性；二是机构之间复杂的债权、债务网络。斯蒂格利茨认为，机构间的负债链条使得体系内生脆弱，机构之间复杂而密切的债权债务关系使风险极易传染。当金融机构由于持有的资产价格下跌导致其流动性萎缩时，局部问题就可能变为全局性的动荡，从而形成危机。

曲昭光和马宇（2002）同样认为金融机构之间复杂的债务链条是金融脆弱性产生的根本原因和危机传导的主要因素：一是市场中的金融机构通过银行间支付清算系统联系在一起，形成复杂的债权债务关系网络，银行间支付清算系统使用的多边差额清算可能使微小的支付困难演变成全局性流动性危机；二是由于金融体系的信用链条使金融机构之间相互密切依存，因此一家或少数机构倒闭，会对其他的机构和整个金融体系形成类似“滚雪球”的负面影响扩大机制，从而发生金融危机；三是金融的国际化和金融创新强化了债务链条对风险的传导。

（3）金融加速器效应。

Bernanke 和 Blinder（1988）以及 Gertler（1989）提出了金融加速器原理：当企业遭到经济中的某种冲击时，其资产负债状况随着外部融资发生溢价的程度而改变，企业的融资环境和投资都会发生变化，投资方案的变化将改变下期产出，从而造成经济波动。在金融加速器效应的作用下，通过金融市场和信贷渠道，可以传导并放大原来货币政策的效应，因此金融信贷市场产生的冲击会对经济造成广泛的影响。

（三）金融危机在金融领域传导路径的文献综述

1. 银行清算体系风险传导路径

Humphrep（1986）和 Angelini，以及 Maresca 和 Russo（1996）研究认为，单一中小机构倒闭时，多边净值清算体系比双边净值清算体系更能够减少其他关联银行的风险暴露；当市场核心金融机构倒闭或市场出现系统性风险时，多边净值清算体系比双边净值清算体系更能够引起连锁反应，风险暴露和传导性更强。Philippe Ahgion 和 Patrick Bolton（2000）的研究认为，在自由银行体系中，由于银行受到的管制较少并且市场中票据结算中心存在唯一性，使某个银行出现的危机更易通过结算中心传导至市场中其他的银行，因此，自由银行体系可能会增加而不是减弱银行危机的传导性；相反地，在这种系统中，潜在无偿付能力的银行很容易倒闭，并使危机在系统内的银行之间进行传导。

2. 银行间拆借市场风险传导路径

Bolton 和 Aghion（1999）的研究认为，银行间拆借行为能够有效防范单个金融机构的流动性风险，但同时会提高银行间市场的系统性风险。Allen 和 Gale（2000），Freixas、Parigi 和 Rochet（2000）研究认为，在完全市场结构下，银行间市场发生系统性风险的可能性较小，在非完全市场结构下，发生系统性风险的可能性较大，但在中央银行体制下，其系统性风险能够被有效地控制。

包全永（2005）研究了银行间市场系统性风险传染机制，认为银行系统性风险具备传导和扩散效应，并能自我放大，最终使金融机构失去基本功能。

韩剑（2009）以银行间市场流动性为出发点，从货币流动性、市场流动性和资金流动性三个层面，通过研究横向和纵向四个传导机制，分析市场风险或危机传导机制。具体包括预期传染、心理恐慌、信贷市场和资本市场的相互风险传导、银行间同业市场流动性风险传导、跨国溢出和挤出效应等，从而阐述了银行间市场流动性扩张和收缩与金融危机的关系。

苏同华（2002）则认为危机在机构之间传导的原因主要在于：金融机构之间的债权债务关系是危机传导的现实原因。当一家银行出现挤兑时，存款人由于不能区分好银行和坏银行，从而导致其他银行也发生挤兑。

李连三和范恒森（2002）认为，银行之间频繁的资金往来使银行间的关系更为密切，从而使一家银行在出现流动性短缺时，虽然能够通过长期资产变现获得流动性，但会导致资产缩水。其还可以在银行间进行资金拆借来获得流动性，但如果使整个市场的流动性出现变化，则会发生“外溢效应”，形成金融市场危机。

3. 市场信息传导路径

Karis 和 Sorensen（2004）研究投资机构的“信息羊群效应”，即投资机构的决策者在进行投资决策时，其“最优决策”是模仿前人的决策，而不是自己做出决策。这种行为方式缘于三个原因：一是由于无法掌握完全信息，投资决策人会观察和研究其他人的投资决策，以补充自己的信息，从而使大家的决策趋于一致；二是由于担心自己的决策失误，或者自己的判断不同于他人而引起非议，进而影响自己的声誉，决策人从“安全性”考虑，往往表现出“从众”心理；三是由于公司对投资决策者的考核和激励机制，很大一部分基于决策人业绩和同行业绩的对比情况，因此决策人在没有确定把握前提下，倾向和同业行为保持一致，以避免自己决策失误引起自身损失。

4. 资产负债表效应的传导路径

谢玮（2012）在研究战后日本经济衰退时，采用了资产负债表研究方法，对于研究在金融危机中金融机构资产负债表变化对风险和危机的传导具有借鉴意义。谢玮（2012）系统研究了日本企业资产负债表中资本结构错配、货币错配、期限错配以及由此引起的清偿能力风险问题，这些问题在金融市场出现风险或危机初始阶段均会在金融机构的资产负债表中出现，而金融机构随后对资产负债表的调整策略，有可能成为危机传导的途径之一。

5. “标准化合同”对风险的传导路径

Kahan 和 Klausner（1997）对市场中“标准化合同”（Contracts Standarization）问题进行了研究，认为市场参与者使用“标准化合同”

可以获得许多好处。一是标准化合同简易高效，合同条款明细，法律效力明确，市场对合同条款的认同度高；二是机构使用被市场广泛认可的标准化合同能够带来收益；三是监管者从有利市场监管的角度出发，也倾向于推行标准化合同；四是标准化合同适用范围越广，上述收益会越大。当标准化合同被广泛接受并使用时，多数机构的行为决策将会被同一标准化合同条款所约束，导致不同机构的行为趋于一致，这种由于标准化合同引发的市场参与者行为趋同性往往成为风险或危机的传导途径之一。

三、危机预警及危机救助

（一）危机预警及救助理论

主权债务预警机制的研究主要分析债务危机的预警指标。目前，Kaminsky et al.（1998）对债务指标的研究是最完整的，他认为出口增长率、进口增长率、外汇储备的增长率、实际汇率、贸易条件、M1 和 M2 的增长率、货币乘数、国内信贷对 GDP 的比率、国内的真实利率，以及存贷利率差都对债务危机的发生有预警作用。此后，一些学者开展了进一步的研究，并指出一些指标的不足，制定了自己的指标和预警方案，如 Berg 和 Pattillo（1999）、Kaminetal（2001）、Detragiaehe（2000）、Arteta（2000）、pattillo（1999）和 Marehesi（2003）等。

主权信用等级是另一个研究角度。一般来说，主权债务危机是指国家无力偿还其政府借债，而理论上分析，主权信用等级这样反映一国主权债务违约可能性的指标研究者会非常关注。主权信用等级是由三大评级机构给出的一国在基本面上主权债务违约的概率。如 Cantor 和 Packer（1996）通过实证分析，认为人均 GDP、政府外债总量、经济前景包括通货膨胀率等因素可以很好地解释评级等级；Juttner 和 McCarthy（1998）进一步提出，存贷利差以及银行不良资产也是评价一国主权违约概率的指标。

此外，Bhatia（2002）对主权债务评级的方法做了总结性的归纳，详细论述了模型中的主要解释变量和随机量。在亚洲金融危机和拉丁美洲危机之后，大多学者都认为主权评级不能及时预测危机的存在。IMF（1999）、Radelet 和 Sachs（1998）、GKR（2000）和 Reinhart（2002）都认为评级的结果只能用于事后反映，没有更多的预警价值。Goldstein（2000）研究发现，其原因在于评级机构不能及时得到各国的精确数据，只能进行笼统的计量估计。其还有可能导致道德风险。由于评级机构的费用都是由被评级国家或地区支付，机构会偏向于得到有利于被评单位的结果，同时，Bulow 和 Rogoff（1989）对小型开放型国家建立模型表明，债务的积累对债权国和债务国均存在道德风险。

（二）国家在危机救助中的作用

市场经济是迄今较为有效地配置资源的方式，然而市场也存在缺陷。在讨论市场经济时，我们必须区分两个概念：一是新古典经济学理论上的市场经济；二是现实存在严重缺陷的市场经济。经济学家所讨论的是前者，决策者面临的是后者。

关于国家在市场经济中的职能，亚当·斯密主张国家职能越小越好，应给与个人以最大的自由。他将国家职能概括为：①国防职能，即保护本国社会的安全，因此必须有军队；②司法职能，设立一个严正的司法行政机构，使社会中任何人不受他人的欺侮或压迫；③公共服务职能，负责建立并维护公共事业和公共制度的共同利益；④公共机关职能，负责筹集维护政权的必要开支。尽管亚当·斯密主张“放任自由”市场经济体制，但他也认为，建立公共经济部门进行资源分配是必要的，公共事业必须由政府办理。

约翰·斯图亚特·米尔在《政治经济学原理》中指出，政治应对大众利益负起责任，救助道路和其他公共事业，这些也是私人企业不愿做的。

在《经济学》中，萨缪尔森阐述了政府主要的五种职能：①直接控制。政府直接控制的程度一直在增长，但还不能称之为“计划化”，因为市场价格还起作用；②共有物品的社会消费，即政府支出的增长，意味着以社会化的方式而不是通过个人以货币购买的方式来消耗很多的国民产品；③稳定的财政政策和货币政策，现代政府的一个重要作用在于控制通货膨胀，避免长期失业和经济停滞，其主要手段就是财政政策和货币政策；④政府从事生产，某些重要经济部门由政府插手经营，同时又不能妨碍所谓自由经济体制下的自由企业精神；⑤福利支出，自 1929 年经济大萧条后，政府福利支出有很大发展，将来还要发展，这是通过政府将一部分购买力转给有困难的人而不要求补偿获得的。

从以上对国家在参与市场经济中发挥作用的经典论述，我们可以梳理出国家参与危机救助的几个特点：一是必要性，由于政府的一个核心职能是控制通货膨胀、避免长期失业和经济停滞，由于主权债务危机对经济产生长期冲击，这就促使国家必须出台救助政策，主要手段是财政或者货币政策；二是无偿性，危机救助在某种程度上类似于公共服务和福利支出，本质上是将一部分购买力转给有困难的人和机构而不要求补偿获得，超越了一般经济意义上的度量，然而这也对金融行业产生了逆向道德激励；三是有效性，由于现代经济是一种混合经济，国家和市场相互作用促进经济发展，当政府救助能够对市场调节功能起到补充作用时，才有可能成功地缓解危机，而当政府救助策略和市场作用相互矛盾时，救助可能是无效的，并对未来经济增长产生巨大的阻碍。

第三节

主权债务危机相关文献

一、主权债务危机跨国传导的理论

(一) 主权债务危机跨国传导的时代特征

2008 年全球的金融危机所带来的冲击使得人们开始担忧主权债务的风险，特别是在希腊无力偿还政府债务事件之后，所有政策制定者与研究者都将目光转向了主权债务危机的前因后果与应对政策。如果一国政府无法对提供担保的债务按时还本付息，例如出现债务重组事件；债务总额超过国际货币基金组织贷款协议所规定的最高上限时，主权债务危机就有可能发生。

主权债务危机并不是一个新生事物，其作为国与国之间的最高级别的债务，具有极大的特殊性和立法的灰色空间。一国政府本身在国家司法体系中的角色使得其充当主权债券的债务方时难以出现在其他国家的破产法庭上。这样政府将可能因缺少法律约束而主动宣布主权债务违约。虽然近几年主权债务危机的媒体曝光率直线上升，但它绝不是一个新鲜事物，历史上发生主权债务危机的例子比比皆是。Chandrasekhar（2010）指出，通常来说，政府信用水平高于一般企业。当出现偿债能力不足时，企业可以宣布破产，但国家没有类似的破产机制，除此之外，一国政府也可以通过动用其他资源偿还其中一部分债务。当企业或个人发生违约事件，债权人可将值诉诸法律，但国家违约事件发生后，没有国际法庭能迫使国家来履行偿债责任。

IMF 将主权债务危机的跨国传导定义成“在宏观基本面没有发生变化的情况下，不同国家金融市场发生了共同变化的过程”。Goldfajn（1995）则从国际上提供流动性的银行等金融机构的角度定义危机的传导，他认为在一国发生主权债务危机后，金融中介机构将会同时减少向其他国家提供流动资产，导致危机的传导。Edwards（2000）认为传导发生在外部冲击效应大于专家学者预期时，强调净传导机制在危机跨国传导中的作用。虽多数学者对主权债务危机跨国传导概念有一定理解，但该定义尚存较大分歧。总体来看，主权债务危机跨国传导的定义可分为两类：一类为广义的定义，即主权债务危机由危机国家传播、蔓延至另一国家为传导。另一类为狭义的定义，即特定地指主权债务危机由一国传播、蔓延至另一个国家，同时没有造成该国宏观基本面发生变化，以 Masson 等经济学家为代表。实际上，两类定义均认同危机初始国会将危机传染至别国，区别仅在于主权债务危机的传导是否引发被传染国宏观经济及实体经济运行情况恶化。然而随着经济全球化和经济一体化不断深入，无论金融危机通过何种途径传导，也无论危机传导是否深入到实体经济层面，主权债务危机的传导都会影响到一国宏观基本面和实体经济的运行。因此，本书将主权债务危机的国际传导定义为主权债务危机由危机国家传播、蔓延至另一国家。该定义是本书分析主权债务危机跨国传导途径的重要基础。

关于危机传导的理论中，国与国之间季风效应的传导是一个重要的渠道。季风效应最早是由 Masson（1998）提出。当一个国家爆发主权债务危机，投机者为获取巨大利润常常会对另一个与危机发源国经济基础相似的国家发起冲击。这些相似的经济因素主要包括通货膨胀率高、财政赤字严重、失业率高企、主权债务水平高。众所周知，欧元区各国社会福利费用高，据欧洲央行统计，欧元区平均福利费用接近 GDP 的 30%，远高于日本、美国等发达国家。昂贵的福利费用增加了政府的财政负担，也提升了主权债务水平。近期欧洲主权债务危机中最为严重的五个国家—希腊、葡萄牙、西班牙和爱尔兰、意大利的政府财政收支及政府主权债务情况都很相似，且远超欧洲央行标准。因此，此次主权债务危机在这些国家之间传导是意料之中的事。由于一些国家与危机国具有相似的且存在漏洞的经济调节政策，即使其经济运行良好，与危机发源国大不相同，也极有可能成为投机者的攻击对象。由于欧元区各国货币政策不独立，各国宏观经济调节手段都有扩张倾向，通过扩大赤字和发债来促进经济发展。因此这些经济社会因素的高度相似使主权债务危机在欧元区各国之间的传导符合季风效应规律。

本节第三部分将针对两国共同处于危机负向冲击的情况，做一定的理论抽象并建模，通过模型求解，对两国之间的危机传导关系以及宏观经济变量之间的影响做出理论分析。

（二）从金融部门向实体经济的传导机制

文献中关于危机在金融部门和实体经济之间的传导机制尚无准确性的定论，既有危机从金融部门向实体经济传导的叙述，也有危机从实体经济向金融部门传导的例子。更明确的表述是，金融部门的运行状况很大程度上受到实体经济运行状况的影响，而家户、公司和其他金融与非金融机构的资产负债表状况又反过来影响了实体经济。关于金融部门和实体经济的联系，经典的宏观经济理论已经做了较好的阐述。具体来说，如果宏观经济形势较差，家户和企业（包括银行）的收入就会下降，当收入下降时，社会的总资产净值就会下降，从而导致整个系统的违约风险大大上升。当家户和企业违约风险上升，银行资产负债表中的坏账就有可能积累，导致银行系统的损失和银行资产负债表的恶化。以往文献中有很大一部分从这个角度来阐述实体经济和金融系统的危机传导渠道。但需要注意的是，刻画金融系统运行情况的变量（如利率）和表征实体经济健康程度的变量（如消费和投资），都是源自家户和企业的最优决策，而并不与金融市场中的摩擦直接相关。所以这些变量都不能直接构成金融市场与实体经济之间的传导渠道。比如持久收入假说模型将消费者未来的持久收入流都折现到当期，用于决定从第一期开始的消费流。由于折现因子就是整个系统的实际利率，能够建立起一个金融系统和实体经济之间的关系，因为在这个模型中实际利率的大小直接决定了消费者的消费流。

同样地，在新古典的投资模型里面，利率起到了决定性的作用，因为它直接决定了未来现金流的折现值、当期投资的成本，以及关于折旧的计提。在以上两个标准教科书的宏观经济模型中，金融系统变量（利率）对消费和投资都产生了直接的影响，那么这些模型如何在金融系统发挥作用？在这些模型中，利率这个变量是具有完全确定性的，它直接涵盖了金融系统的全部作用，也就是说金融系统只扮演了资金跨期流动的媒介者，没有任何的摩擦与不确定性，交易参与双方已经提前用合约锁定了利率。但我们知道在真实世界里，利率的决定充满了不对称信息、不完全市场、代理成本、履约成本以及金融系统为了克服这些不足所施加的力量，这些因素都使得真实世界中金融系统和实体经济之间的关系远比标准的、完全信息的新古典宏观经济模型所揭示的关系更复杂和具有不确定性。

根据以往的文献，金融部门和实体经济之间的危机传导至少有三个渠道。通过这三个渠道，金融系统的冲击可以传导到实体经济，并且实体经济扩大了冲击的影响，又反过来传递到金融系统。这三个渠道都和银行借贷双方的资产负债情况相关，分别是借款者的资产负债表渠道、银行的资产负债表渠道和流动性渠道。

与资产负债表相关的两个渠道经常被称作金融加速器。MM 定理认为公司估值与融资方式与公司投资决策无关，但其实通过资产负债表传递渠道，无论是借款者还是放贷的银行，他们的资产负债表（或者净资产情况）都直接影响到借贷决策。这两个资产负债表传播渠道是由资本市场的摩擦造成的，具体来说是资本市场存在信息不对称性，而且在履行合约和代理人成本上都产生了无效性。特别是对于银行来说，央行和《巴塞尔协议》等对于银行资本充足率的监管要求，也使得银行在资本市场中体现出无效性的行为。第三个渠道强调银行资产负债表的流动性影响了其在危机到来时的调整成本。资产负债表流动性差所带来的金融表现黏性，将直接影响到实体经济平稳运行。

渠道一：借款者的资产负债表效应。

借款者的资产负债表效应适用于家户和公司。当市场中存在不对称信息，也就是债权人无法正确估计债务人（借款者）的风险和偿付能力时，或债权人无法完全监管债务人的投资项目，以及债权人不能使债务人完全履行还款义务时，资产负债表效应导致债权人要求债务人提供更多的抵押资产，这意味着拥有不同资产净额的债务人享有不同的借款优先权。这方面的文献给出了两种资产负债表效应模型。第一个模型源于 Bernanke 和 Gertler（BGG，1999）以及 Carlstrom 和 Fuerst（1997），债务人面临一个外部融资升水。这个升水等同于外部融资成本与内部融资成本之间的楔子。而这个楔子（类似于税收三角）的大小直接决定于债务人的信用大小。债务人的净资产越少，偿债能力越差，外部融资升水（或楔子）就越高。外部融资升水的根本来源是：由于债务人债权人对于风险的信息具有不对称性，债权人有动机提高融资成本来限制偿债能力较差的债务人的违约风险。而债务人的净资产是公共信息，故双方信息完全对称，所以债权人倾向用债务人的净资产作为不可观察的违约风险的代理指标，以此做出自己的放贷决策。所以在市场上的常见现象是，债务人的净资产越大，其外部融资升水就越小。这个净资产受到实体经济条件和总需求总供给的冲击，而在实体经济条件恶化和总需求总供给出现剧烈波动时，债权人对于债务人风险的认识会变得更加不确定。根据信息不对称的理论，债权人有动机提高这个外部融资升水，使得当债务人真正违约时，自己的损失可以降到最小。根据以上的分析，外部融资升水对真实商业周期的波动有放大器的作用。所以文献中也将第一种借款人资产负债表模型称作金融放大器模型或者金融加速器模型。由于这种放大器作用最终导致借款人净资产不断减少，所以也能从金融系统向实体经济系统产生危机影响。

第二个借款人资产负债表模型的代表是 Kiyotaki 和 Moore 在 1997 年提出的信贷周期循环模型。在这个模型中资产有两面性：一是用于生产产品；二是用作抵押品去获取贷款。抵押品的大小在借贷关系中直接决定了借款金额的大小，而且抵押品的大小也会直接影响债权人对于债务人风险的主观度量。在 Kiyotaki 和 Moore 的模型中，债务合同的实施将资产价格和借贷金额直接联系起来，两者之间的关系既有一期之内静态的乘数，也有多期跨期的动态乘数，故任何一个导致资产价格下降的负向冲击都将导致抵押约束收紧。这又反过来降低了生产、消费和投资，从而使得资产价格进一步恶化。由负向冲击导致的生产和消费的萎缩将直接影响到资产价格，所以对实体经济的冲击通过这个渠道也被相应放大。Kiyotaki 和 Moore（1997）关于抵押品的建模，Holmstrom 和 Tirole（1997）的金融加速器模型对此也做了相应的阐述。在他们的模型中，非中介的信用渠道对于借款人来说成本更低，因为不存在任何监管成本，尽管在缺少监管的条件下债权人可能需要债务人提供更多的抵押品作为保证。如果借款人的抵押品不足，那么他们只好通过银行这个渠道来进行间接的融资。根据 Holmstrom 和 Tirole（1997）的研究，任何对抵押品价值有负向作用的冲击被称为抵押品压榨器，这个负向作用使得借款人负担更高的资金成本，甚至有时因为资金成本太高而根本无力进行借贷活动。Holmstrom 和 Tirole（1997）的模型对于解释金融自由化程度和经济货币化程度较低的发展中国家难以贷到款项具有重要的作用。

渠道二：银行的资产负债表模型。

银行的资产负债表模型可以分为以下两个截然不同的组成部分：传统的银行借贷渠道和银行的资本运作渠道。两个渠道都认为金融机构资产负债表如果遭受负向冲击，不管这种负向冲击时来自货币政策、政策监管还是银行资产的损失，都会导致银行信贷规模收缩，从而使实体经济的运行状况受到影响。

要造成这种影响有一个重要的条件，那就是假设实体经济中的债务人高度依赖银行这个渠道进行资金筹集。在这个假设下，只要银行产生负向冲击，实体经济就会马上产生相应的信贷收缩和投资生产下降。当银行受到冲击时，从负债端看，货币政策收紧减少了总的 M2 供给，也收紧了货币的需求。从资产端看，这个冲击改变了资产端的构成情况，造成信贷供给收缩。而且由于该模型假设债务人高度依赖银行融资渠道，所以当银行遭受负向冲击时，债务人的支出会直接下降。随着最近金融市场的发展，特别是私募股权证券化市场的发展，使得我们不得不重新思考由于类似于影子银行的金融机构的存在以及 simulation 股权上市可交易性的逐渐增强，银行借贷渠道的重要性是否还能与以往一样。例如，Nwogugu（2007）考察了资本充足率的要求和资产证券化之间的关系，发现从理论角度看，资产证券化的发展确实削弱了资本充足率要求对于银行信贷规模扩张的种种限制。

以上讨论的模型假设银行没有自有资金，完全依赖于外部融资渠道。更进一步地，在以上的几个模型中，并不存在内生的信用风险，所以也没有研究监管政策的空间。其他模型研究为什么银行的资产水平影响了银行的信贷总规模。在 Holmstrom 和 Tirole（1997）的研究中，所有的银行借贷都是由资本来提供，所以这给银行一个监视债务人的动机。结果是，一旦出现资本收缩，银行就会提供更少的资金给债务人，正如 Stein（1998）所阐述的那样。

渠道三：流动性模型。

最近的全球金融危机使人们开始重新重视流动性对于金融机构和实体经济的重要性。在某些情况下，流动性只是影响现有的金融部门与实体部门之间的传导关系，而在另外一些例子中，流动性可以直接创造出新的金融部门向实体部门的传导渠道。这在文献中早有论述，尽管最近的危机才使人们开始重新关注这个渠道。银行的资产负债表中高杠杆率和高度的期限错配是银行所受的流动性冲击传导向实体经济的重要推动因素。

事实上 Fisher（1933）早就对流动性模型进行过深入的理论阐述，其模型主要关注银行的资产负债表状况和资产价格的下行螺旋之间的关系。他是最早将资产价格下降和银行运行的健康状况建立直接联系的研究者。这个传导机制基本的过程是：当给定一个流动性冲击或者偿债能力的冲击时，银行开始出售资产以保证自身的流动性充足。当所有银行都开始出售资产，甚至于折价抛售资产（Firesale）时，资本市场上的资产价格就会相应下降。而资产价格下降导致的恐慌使得更多的金融机构加入抛售资产的浪潮中，这又反过来造成了资产价格的进一步下行。如此循环往复，资产价格将呈现一个逐步恶化的下行螺旋，正如 Diamond 和 Dybvig（1983）所提出的 D－D 银行挤兑模型所阐述的一样。在此基础上，Diamond 和 Rajan（2009）还强调了银行的流动性危机和长债危机之间的互动作用与相互加强作用。

我们注意到因为银行总是用短期债务来为长期流动性较差的投资

项目融资，Diamond 和 Rajan（2009）提出了一个关于总流动性短缺的模型。具体来说，当存款人或者债权人如果突然要求赎回投资或停止对债券展期，银行将不得不提前收缩本来有利可图的贷款。这不仅可能造成银行系统的巨大损失，甚至可能导致大面积的银行挤兑。在以 Diamond 和 Dybvig（1983）这一类流动性模型解释2008 年金融危机传导的过程中，Adrian 和 Shin（2008）做出了重要贡献。Adrian 和 Shin（2008）认为随着金融自由化和资产证券化的发展，证券交易商和市场做市商对于市场决定性的作用越来越强，他们和其他影子银行机构一道对传统银行系统造成了巨大的冲击，使得证券交易商竟然成为传统借贷系统中非常重要的一环。高杠杆率的金融中介机构所受的冲击被传导到实体经济，而且成倍放大了冲击的效果。

金融危机使得融资变得困难，而在后危机时代处置不良资产的需求也伴随着要求金融机构降低杠杆率。Adrian 和 Shin（2008）同时指出，因为这些影子银行机构的负债端期限非常短，证券公司比商业银行能够释放更多关于实体经济的信息。所以证券公司的资产负债表变化比商业银行的资产负债表变化更为敏感，也更能够与实体经济所受的冲击建立起更好的联系。证券公司的存在使得联邦基准利率对于房地产市场的冲击影响更迅速，影响效果也更大。所以就流动性模型来看，2008 年五大投行中某几家的倒闭和合并对于之后的实体经济复苏起到了正向促进的作用。

（三）主权债务危机跨国传导渠道

金融危机跨国传导的渠道主要有三类，即贸易联系渠道、金融联系渠道和基于投资者行为的联系（Forbes，2001）。前两种联系是基于市场力量，后一种是基于心理因素。

当一个国家的危机对另一个国家的贸易收入产生显著的负面影响时，贸易联系就会发生。贸易联系可以分解为两种：竞争力联系和国内需求联系。这两种联系都会导致国内对外国出口品需求的减少。竞争力联系通过国内货币的贬值发生，需求联系通过国内收入下降发生。由于这两种联系都会导致外国公司出口收入的减少，这些公司的市场价值都会受到金融危机传导引起的影响。

Dornbusch（2000）等指出，如果本币贬值国家是某种可贸易交换商品的主要生产国，那么基于贬值的联系可以传导至第三方国家。如果第三方国家也生产这种可贸易交换商品，该种商品国际价格的下跌将会引发第三方国家的危机，即使第三方国家并没有直接和本币贬值国家进行国际贸易。

和贸易联系一样，金融联系也可以分解为两个子类别：信用联系和组合再构成联系。当国内银行问题或是提款引起对外国人贷款的清算或者是来自国外的资本遣还时，信用联系就发生了（Goldfjan & Valdez，1997）。Miller（1998）证明了国内资本的遣还可能会导致对外国货币的投机袭击，对外国经济造成进一步的伤害。组合再构成联系和信用联系有关，也会引起国外资本的遣还。但是，组合再构成联系往往跟随国内资产价格下降而发生，并满足保证金或是资本金的要求。最后，当一个国家金融危机引起另一个国家恐慌和资产出售时，基于投资者行为的第三种联系便发生了。

1. 金融市场传导渠道

前人对于不同发展程度国家之间通过金融市场传递的危机传导机制进行讨论。Savva C. S. 、D. R. Osborn 和 L. Gill（2009）调查了纽约、伦敦、法兰克福，以及巴黎的股票市场在多变量 EGARCH 的框架下的价格和波动率的外溢的传导。此模型可以被延展成允许动态条件相关性的模型，此种相关性可以随欧元的引入而变化。通过运用伦敦下午 6 点的日收盘价（伪收盘价），发现了证明国内股票回报率和波动性受到外国市场影响的证据，因波动性和条件相关性都跟随其他市场的新闻和动态进行不对称的反应。这些发现也表明自从欧元的引入，回报的相关性对于所有的市场来说都上涨。其中法兰克福和巴黎市场经历了最大的增长。刘亮（2011）发现2008年全球范围的金融危机会通过金融市场以及银行的资产负债表渠道传导形成欧洲主权债务危机。欧洲银行业在次贷危机爆发后出现了大量与次贷危机相关的资产减计及损失，欧洲各国政府对此进行一揽子救助计划，从而增加了主权债务，导致赤字上升，引发了欧洲主权债务危机。

Blancheton B.、Bordes C、Maveyraud S.，以及 Rous P.（2012）认为金融危机造成了货币市场广泛的流动性风险，强调美国、英国以及欧元区的货币市场间的传染机制。为了解释这些机制，引入了一个结构断点 BEKK 模型。此模型清楚地验证了 2007 年 8 月 9 号之前和之后的货币市场上流动性风险溢价的蔓延效应。结果表明，金融危机前后，货币市场上均观测到蔓延效应。在美国对新兴市场方面，Cheung L.、Fung L. 和 Sang Tam C.（2008）评估了东亚及太平洋地区中央银行行长会议组织地区和美国的股票市场之间的相关性，并且在东亚及太平洋地区中央银行行长会议组织的市场上使用两个指标，即动态条件相关，以及蔓延指数。这些指标表明股票市场的相关性自 2006 年早期稳定增长，在 2008 年 9 月雷曼兄弟倒闭后迅速上升。他们也检验了传染的存在性，发现并没有明显证据表明美国和东亚及太平洋地区中央银行行长会议组织地区之间存在传染。然而，地区内部的传染更加显著，表明当面对共同的外部股票时，投资者可能无差别地对待地区内部的市场。

Naoui K.、Liouane N. 和 Brahim S.（2010）应用了动态条件相关模型来检查美国次贷危机后的金融传染现象。这个模型是由 Engle（2001，2002）、Engle 和 Sheppard（2001）以及 Tse 和 Tsui（2002）作为多变量条件相关性的本源形式发展而来的。模型允许跟踪两个或以上资产的相关性演进。所用的样本包括 6 个独立的国家、引起危机的美国市场和 10 个新兴市场。数据以日为频率贯穿 2006 年 1 月 3 日到 2010 年 1 月 26 日。所得结果似乎指出了蔓延 2007 年 8 月 1 号到 2010 年 2 月 26 日期间的危机的动态条件相关性的扩大化。Yiu M. S. 、W. A. Ho 和 D. F. Choi（2010）调查了 11 个亚洲国家的股票市场以及美国的股票市场之间的动态相关性。通过运用主成分分析法，发现一个能解释自 1993 年到 2009 年初期的 11 个市场的周回报的大部分变化的单一潜在因素。运用非对称 DCC 模型来估计亚洲和美国股票市场的相关性，发现了自 2007 年末开始在估计的 DCC 模型中出现了均值偏移。把这个发现看作美国向亚洲市场的扩散。然而，并未在亚洲金融危机期间发现美国和亚洲某一独立市场之间的这种传染的证据。Aloui R. 、Aïssa M. S. 和 Nguyen D. K. （2011）通过对经过筛选的新兴市场与美国之间的极端金融相关性进行实证调查，检验了当今全球金融危机及其引发的传染效应的程度。一些能够提供所需弹性以体现后尾的动态模式的联系方程以及线性和非线性相关被用作分析跨市场联系的模型。采用来自巴西、俄罗斯、印度和中国（金砖四国）以及美国的日回报数据进行实证研究，结果表明，在金砖四国和美国市场之间存在着明显的随时间变动的依赖性，并且这种依赖性在大宗商品价格上比出口成品市场更加明显。到无论在牛市还是熊市时所有的市场都呈现高度的持续依赖。

另外，由于近年来欧元区逐渐暴露了其体制的缺陷，欧洲许多国家如希腊、西班牙等国相继爆发了债务危机。因此，对于欧元区各国的债务危机传导也引发了学者的研究和思考。Arghyrou 和 Kontonikasb（2010）提出希腊主权债务危机债的原因在于 2001—2009 年宏观基本面变差，以及市场对其债务体制的转变预期。这种危机对欧盟其他国家的传染效应较大，若不进行结构性改革，欧元区的未来存在的可持续性会成为一个问题。Arghyrou 和 Kontonikasb（2013）做了实证研究，发现市场价格在 2007 年之前会出现“趋同交易”现象，而 2007 年后又会受宏观基本面和国际风险影响。2009 年希腊债务问题扩大是由于市场不好的预期导致的。Savva C. S. 、D. R. Osborn 和 L. Gill（2009）调查了纽约、伦敦、法兰克福以及巴黎的股票市场在多变量 EGARCH 的框架下的价格和波动率的外溢的传导，相关性可以随欧元的引入而变化。通过运用伦敦下午 6 点的日收盘价（伪收盘价），发现了证明国内股票回报率和波动性受到外国市场影响的证据，因波动性和条件相关性都跟随其他市场的新闻和动态进行不对称的反应。此外除美国和欧元区，学者也对于其他国家向外传导进行了研究。Yang S. Y.（2005）通过运用 Engle's（2002）DCC 模型检验了日本与亚洲“四小龙”的国际市场相关性，数据取自 1999 年至 2003 年的日数据。结果表明，股票市场的相关性随着时间具有很大的波动，波动在市场间又有传染性。另外，在最需要风险分散的高市场波动率的时期，相关性呈现增长趋势，这对于国际分散来说是一件坏事。

新兴经济体在之前对于跨境银行的融资依赖很大，“撤资潮”使得新兴经济体陷入重重危机中，其中受冲击最严重的是东欧国家及一些独联体。东欧国家由于近年来经济发展迅猛，国内信贷规模扩张很快，但信贷过度依赖于外资。截至 2008 年 6 月，东欧国家从海外银行借入资金共 17449 亿美元，其中属欧洲银行发放贷款最多。希腊、德国、奥地利、法国、瑞典和意大利 6 国拥有东欧债权的 84%。东欧国家的外债多为银行长期借款，外债积聚风险已经达到很高的水平，目前该地区短期需要偿还的外债达到 4000 亿美元左右，约占 GDP 的 33%。东欧国家货币自 2008 年下半年开始已呈加速贬值态势。东欧国家的债务风险与 1998 年东南亚国家金融危机时的东南亚各国有相似之处，也称“孪生危机”，即银行危机与货币危机共生。危机背景下，这些国家的银行出现不同程度的融资困难，外资撤离导致国内信贷收缩，对国民经济造成重大打击。与此同时，经常项目的逆差和外资流出加剧了这些国家货币的贬值，如果出现大范围货币反击，危机“预期自我实现”机制将得到体现，东欧国家局面将会迅速恶化。各西欧国家对东欧新兴市场国家的风险暴露将会导致东欧国家危机爆发后将风险传递回欧洲。该情况一旦发生，将导致国际金融危机进一步恶化。

2. 债务危机传导的贸易渠道

通常认为，主权债务危机也会通过非金融方式，尤其是贸易渠道进行传导。Gorea 和 Radev（2012）研究了欧元区国家 2007—2011 年共生的违约风险，从 CDS 合约计算出共生违约概率，发现金融联系的传导只在欧元区的边缘危机国家中的传导比较活跃。目前的主权债务危机中，实体经济关联性在从边缘国家向核心国家传导冲击时起到很重要的作用，与危机国有更强贸易联系的国家存在相对更高的共生违约风险。Theoharry Grammatikos 和 Robert Vermeulen（2008）也表明债务危机是通过非金融领域进行传导。

Forbes K. J.（2001）认为，20 世纪 90 年代下半叶的经济发展被一系列的金融危机和货币危机所打断：1994 年墨西哥比索的崩溃，1997 年到 1998 年的东亚危机，1998 年俄罗斯的经济危机，以及 1999 年巴西和厄瓜多尔的贬值。几起危机最引人注意的特点是：开始一个国家个别事件能够迅速地向全球其他规模和结构如此不同的市场进行传播。这些事件引发了人们对于“传染”以及一个国家对于源于世界其他地区的危机的脆弱程度的决定因素的兴趣。尽管存在这样的兴趣，但是人们对于为何诸多起源于相对较小经济体的危机会引发如此大的国际反响几乎未有一致意见。

一个国家引发的危机会造成国际反响的一个渠道是贸易。如果两个国家直接进行贸易，对于同一国家（或多国）的出口，或仅仅是在同样的行业竞争，这些国家中的一个引发的危机会改变该国交易货品的相对价格或是数量，从而对于其他经济体造成蔓延效应。理论模型准确地描述了贸易联系如何使危机从一国向另一国传播。然而，对于这些贸易联系是否是最近金融危机影响不同国家的显著或重要因素仍待争论。

非正式的证据表明了为什么这些争论没有被解决。在巴西和俄罗斯之间几乎不存在直接贸易，并且这两个国家在第三市场上也鲜有竞争。然而，1998 年的俄罗斯危机却对巴西造成了严重影响。这可能意味着贸易联系在此次危机的传导中并不重要。另外，阿根廷是巴西的重要贸易伙伴。阿根廷是 1999 年巴西货币贬值受影响最严重的国家之一，表明贸易联系可能是巴西危机中重要的传播渠道。20 世纪 90 年代一系列的货币危机中的无数例证也可以证明这两种观点。

Forbes K. J.（2001）致力于对于贸易联系是否是近期货币危机中国家脆弱程度的决定性因素的讨论，将贸易联系分成了三种，即一国如何被世界其他地区危机所影响的渠道包括：竞争效应（相对价格的变化对于一国海外竞争力的影响）、收入效应（当危机影响收入从而对于进口需求产生影响）、低价进口效应（当危机减少贸易伙伴的进口价格成为积极的供给冲击）。采用总贸易流量数据和四位工业贸易流量数据来衡量这三个渠道在 1994—1999 年经历危机国家之间的强度以及一系列世界上的发达国家和发展中国家的样本间的强度。

运用这些统计数据，估计贸易联系如何在危机期间影响一国股票市场回报率。发现竞争效应和收入效应都是负向的、显著的，并且经济上重要的。换句话说，如果一国与危机国在相同行业竞争或者直接向危机国家出口，危机期间这个国家会有非常显著的、低的股票回报率。正向的低价进口效应也有微弱的证据。这三个贸易联系的影响总和比其他宏观经济变量重要得多。然而这些贸易联系只解释了危机期间股票回报率变动的1/4，表明其他跨国联系，诸如金融渠道也是重要的。

实证分析的最后一个结果就是一国如何应对货币危机是这次危机如何影响其他国家的重要决定因素。例如，一些国家对于本国货币汇率压力的应对就是使其货币贬值（或者允许其贬值）；另一些国家努力维持货币价值，从而极大提高其汇率；还有一些国家支付国际储备或者使用这三种防御的结合手段。实证结果表明，只有在危机国允许其货币大规模贬值时，竞争效应才是大的，并且是显著的。也只有危机国大规模提升利率的时候，收入效应才大而显著。所以，贸易联系的重要性取决于国家如何回应初始危机，这对于阻止和预测未来危机如何在国际传播有着重要的启示。

二、危机跨国传导的实证文献梳理

本小节将对近年具有代表性的研究危机跨市场传导机制的实证文献进行梳理，简要介绍主要的实证研究的方法和应用，并对这些文献的发现和结论做出归纳。

（一）跨市场“传染”定义的三种外延

国外文献相对于危机的传导机制的研究则相对较多。危机的跨市场传导常被称作“传染”（Contagion）。对“传染”这个概念的使用可以追溯到20世纪90年代的几次危机期间，而21世纪伊始，Christiansen（2000）就对这一概念作了详细的定义——“‘传染’是指同时满足以下两点的情形：①一个市场的危机引发了其他市场的反应；②经济的基本面因素并不能完全解释其他市场对于危机的反应”。同时他更进一步地提出了“传染”定义的三个内涵：相关性（Correlation）、纯粹“传染”（Pure Contagion）和溢出效应（Spillover）。相关性是指，危机从发源地传导至世界的其他市场或者国家必须具有因果关系，亦即两个市场的联系再如何紧密，如果因果关系缺失，也不能称作“传染”；纯粹“传染”是指危机从发源地传导至其他与发源地在基本面因素上完全不相关的市场的情形；溢出效应是指危机通过影响到其他国家的基本面因素来传导至发源地以外的市场，其主要途径有贸易渠道和金融渠道两种，具体受到影响的宏观因素包括总需求、竞争力、商品价格以及流动性等。

Billio（2003）等根据世界银行的分类，对“传染”定义的三种外延做了归纳：

第一种，广义的“传染”，指经济冲击从一个国家传导至其他国家的过程，既涵盖危机和非危机时期，也包括了恶性和良性的冲击。

第二种，相对广义的“传染”，指超出了基本面因素所能解释范围的经济冲击的跨市场传导。

第三种，狭义的“传染”，指危机时期危机的跨市场传导。

第三种对“传染”的定义被广泛采用于危机跨市场传导的实证研究，而这种定义隐含的要求是要对不同市场或者经济体之间的相关性进行定量分析，通过观察危机时期相关性的强度和方向的改变来确认“传染”的存在和检验“传染”的程度。

（二）危机的跨国传导研究：风险和流动性渠道

在狭义的“传染”定义框架下，我们选取对近年来的危机传导机制具有代表性的国外实证研究文献，对其所用的模型、方法、应用以及研究过程和研究结论进行梳理，并对研究结论作归纳和汇总。

以 Chudik 和 Fratzscher（2011）的研究作为综述的开端非常适合。他们对 2007—2008 年全球金融危机和 2010—2011 主权债务危机做了深入的实证分析，研究两次危机是如何通过流动性和风险冲击在全球市场传导的，两次危机之间的区别以及投资者对资产配置的选择及其决定因素。他们选取 28 个新兴市场经济和发达经济国家，利用资产价格（股市和债券收益率）、利率、汇率和资本在各市场之间流动的高频周数据，来观察危机的传导过程，一共使用了144个外生变量来进行回归分析。为了克服如此大维度的变量不适合传统模型的问题，他们采用了Chudik和Pesaran（2011）提出的“无限维度VAR模型”。同时，通过对模型形式进行转换，引入了变量矩阵，使得他们的“Global VAR”模型可以同时对目标国家的自身滞后数据、邻国滞后数据、全球冲击因素（美国数据）以及不可观测因素进行参数估计。

由于传统的一般性冲击—反馈（Impulse - response）研究分析方法因不具备经济学意义，他们使用结构性冲击—反馈分析对模型的结果进行研究。危机全球传导过程中，风险冲击和流动性冲击无法被直接观测到，因此他们使用VIX指数作为风险冲击的代理变量，用美国TED spread作为流动性冲击的代理变量，研究证券的收益率、汇率和资本流对风险和流动性冲击的反应。对于风险冲击和流动性冲击的区分也很重要。在控制其他变量恒定的情况下，风险冲击的判别是VIX指数的上升，伴随着美国证券收益率的下降和全球硬通货（美元、日元、瑞士法郎等）的升值。而流动性冲击的判定是TED利差的上升，伴随着美国债券收益率的上升以及股市收益率的下降。

在数据的选择上，他们选用了占全球总产出86%的28个发达和发展中国家，用它们的高频周数据来详细地对危机的传导机制进行分析。实证分析的结果很好地显示了28个国家和市场之间的互动关系。第一，实证模型是稳定的。模型的最大特征值无论是在危机前后还是在危机期间都显著小于1，在危机期和非危机期的差异并不大。第二，很多参数的估计量都具有统计显著性。例如股市数据的同期截面数据具有高达96%的显著性，而外汇和债券市场的显著性也在67%～85%。第三，估计参数的符号和大小都符合经济学和现实的预期。例如，对于股市全球型普遍的冲击来说，发达国家的弹性比较稳定，在

0.71～0.74，而发展中国家的弹性则大于1，在1.12～1.32。第四，对实证结果和残差项的研究显示模型的适用性总体来说很高，也没有任何重要的违背模型假设的因素存在。

他们的实证研究结论具有很强的整体性和启示意义，主要包括以下四方面：

第一，流动性和风险冲击的传导在不同国家、不同资产类型和不同时期显示出异质性。相比于2007年之前和2010—2011年，流动性和风险冲击在2007—2008年阶段对资产价格和资本流动的影响更大。同样，冲击对新兴市场经济国家的影响更大，有的甚至高达发达国家的两倍。

第二，避险（Flight－to－safety）效应在两次危机期间呈现不同的表现形式。2007—2008年阶段，Flight－to－safety效应表现为地理上的资本从新兴市场经济国家流向发达国家。然而，2010—2011年，一些相关的发达国家债券市场收益率出现了显著下降，而新兴市场经济国家受到的影响则有限。此阶段的Flight－to－safety效应主要发生在资产种类的配置上。

第三，资本具有追求高风险高收益的趋势。风险冲击使相对安全的资产（发达国家的债券）的收益和资本净流入存在负相关性，而相对高风险的资产（发达国家的股票和新兴市场经济国家的股票债券）的收益和资本净流入存在正相关性。这可能是由于发达国家主权评级下调使其和新兴市场经济国家主权评级之间的差距缩小了，使得市场对原先认为的高风险资产厌恶程度降低。

第四，主权评级较低和经济、政府部门相对低效的国家在两次危机中均受到影响更大。造成冲击的传导的国别差异的原因，第一是受到各国对美国的金融风险暴露的影响，第二是受到各国自身基本面情况的影响。

Chudik 和 Fratzscher 的研究揭示了关于两次危机本身以及传导机制的一些本质区别，这与我们从经济地缘结构的分层中所得出的推论不谋而合。首先，作为发端于第一层次美国的全球金融危机，其影响范围和深度都远大于源于第二层次的欧债危机。其次，全球金融危机的传导主要是地缘传导，而欧债危机主要是资产种类之间的传导。最后，位于第三层次的新兴市场经济国家，往往和美国的联系很紧密，并且相对而言主权评级较低、政府部门相对低效，因此更易受到冲击的影响。而欧债危机的发生在某种程度上缩小了第一层次、第二层次与第三层次之间的差距，改变了原有的全球金融格局。

Kenourgios 和 Padhi（2012）利用约翰逊—协整检验和矢量误差相关性模型，发现显著的长期和短期市场动态存在于俄罗斯和亚洲危机期间的新兴股票市场以及美国次贷危机期间的股票和债券市场，但是阿根廷危机对任何被检验的市场没有影响。为了克服传染效应文献的局限性，采用了较新的 GARCH 模型，即非对称一般动态条件相关性模型（AG - DCC）。这个模型是由 Cappiello（2006）提出的，他把 DCC - GARCH 模型（Engle，2002）一般化。在稳定和危机时期，危机国家和其他国家的平均相关性能够被估计出来，这样可以获得在多元框架下波动性和相关性的条件非对称性，并且可以确定跨市场相关性动态（传染效应）究竟是由宏观经济基本面驱动的还是由行为因素驱动。结果表明，次贷危机和俄罗斯危机具有全球传染效应，亚洲危机具有区域内影响效应，阿根廷危机具有国内和全球市场指数的脱离性。

（三）危机的跨国传导研究：资产重配和基本面因素

在结束对两次危机和三层结构的纵览基础上，我们接下来具体关注对某次危机在某两层级之间的传导机制的实证研究。

Syllignakis 和 Kouretas（2011）使用了 DCC - GARCH 模型对 1997

年至2009年间7个中东欧新兴市场经济国家（捷克、爱沙尼亚、匈牙利、波兰、罗马尼亚、斯洛伐克和斯洛文尼亚）与美国、德国、俄罗斯三国股市收益率之间的相关性进行了实证研究。他们首先对中东欧七国的市场特征进行了分析。20世纪90年代初苏联解体后，中东欧各国政治上发生变迁的同时，也面临着经济和社会的巨大变革，私有制和国有企业私有化是当时改革者们的首要任务。

随着企业法、合同法、经济法等一系列法律法规的建立和完善，这些中东欧国家在后社会主义时代进入了经济快速发展的时期。经济快速发展的必然结果是证券交易所也在20世纪90年代初在各国相继成立。经历了近15年的经济快速发展后，2004年5月1日，欧盟进行了历史上的第五次扩张，吸纳了塞浦路斯、匈牙利、捷克、爱沙尼亚、拉脱维亚、立陶宛、马耳他、波兰、斯洛伐克和斯洛文尼亚10个中东欧国家入盟。加入欧盟对这些国家的市场产生了巨大的影响，吸引了大量此前受到限制或潜在限制而不能进入这些国家市场的国际投资者们的目光或资本。然而，十多年发展各异，加上各国不同的经济政策，也使得各国的证券市场呈现明显的区别。资本规模大的市场，如波兰和捷克，证券市场市值分别超过900亿美元和410亿美元，而规模小的市场，如斯洛文尼亚，市值只有13亿美元。同时，受各国私有化形式和进程的不同，证券市场的上市公司本身也差异巨大。例如因受“大跃进”式国企私有化改革浪潮的影响，捷克和斯洛伐克的上市公司基本都是以往的国有制大企业，而波兰因为循序渐进推行私有化进程，上市公司类型呈现多样化，数量上逐年稳步增加。

在对这些国家的市场特征进行初步分析的基础上，他们对1997年3月至2009年1月期间各国的股指周数据进行了实证分析。德国、美国作为该区域和全球的重要经济体，对这些国家经济的影响不言而喻。而俄罗斯拥有中东欧地区最大市值的证券市场，同时由于传统上和这些国家之间存在政治、贸易纽带，对这些国家的影响也不可忽视。因此，他们通过对比中东欧七国与德国、美国、俄罗斯三国股市收益率之间的相关性，对危机期间的传导效应进行研究。将七国股指数转化为其自然对数的一阶差分收益率，发现存在着在新兴市场常见的非正态分布特性——厚尾。鉴于数据中存在的条件相关性问题，他们使用DCC－GARCH模型进行分析。该模型对研究金融时间序列的适用性于2002年由Engle提出，由刻画相关性的DCC模型（Dynamic Conditional Correlation）和刻画波动性的GARCH模型组成，成为对市场联系的实证研究的主要模型之一。该模型的优势之一在于：其能在任意选定的时期，如危机时期，对任何两国之间的动态条件相关系数进行估测。对周数据的实证分析发现，2007年至2009年的全球金融危机期间，美德两国对七国的条件相关系数出现了统计上显著的上升，存在显著的危机传导效应。而此前的亚洲金融危机（1997—1998年）和互联网泡沫危机则并没有发现存在显著的传导效应。结合之前对于该地区政治、经济和历史因素的分析，他们将此归因于21世纪以来外国投资者的参与增加、金融自由化程度更高以及2004年以后中东欧地区国家和欧盟的联系更加紧密。此外，基于危机传导可能源于投资者资产重配或是基本面因素等理论，他们还发现宏观经济变量对危机阶段的条件相关系数具有很可观的解释力，侧面印证了我们关于第一层级和第二层级经济体到第三层级经济体的危机传导主要通过实体经济渠道的推论。

Cheung、Fung和Tam（2008）使用了DCC和Spillover Index（SI）对11个EMEAP（东亚及太平洋地区中央银行行长会议组织）国家和美国的证券市场的相关性进行了实证研究。其中，SI由Diebold和Yilmaz（2008）提出，用于分解简单VAR模型中证券市场收益的波动性，可以看作跨市场收益溢出效应的总和。一个高的SI代表了该证券市场收益波动性中的很大一部分可以被发端于其他市场的冲击所解释。

他们使用了周数据，因为周数据不仅相对而言在拥有更少噪声的同时能保持数据的准确性，而且也能避免美国和亚太地区之间交易时间错位方面的问题。他们发现十一国和美国的证券市场收益的相关系数在2000年至2005年相对稳定地保持在0.3左右，而从2006年初开始逐步上升。可能的解释之一是：在亚太地区，2005年以后资本大量流入，亚太区域整体显示出的强劲的经济增长和良好的投资环境吸引了大量的国际资本增加在亚太市场的资产配置，境外投资者关注度的增加和资本的流入都加强了区域内部金融市场和全球金融系统的联系。

2008年9月雷曼倒闭以后，伴随着全球股指大跌，美国和亚太地区经济体之间的DCC出现了大幅快速上升，在随后的10月中旬上升到了0.5，一个月之内暴增了近40%。2008年金融危机期间的DCC暴增和1997年亚洲金融危机形成了鲜明的对比。在亚洲金融危机期间，除了中国大陆因受到资本管制而免受影响外，其他亚太国家市场的DCC都呈现先上翘后整体上移的形态。另外，SI指数也显示出了类似的趋势。他们使用了包含和不包含美国市场的两种SI指数来度量区域内部或区域和美国之间的溢出效应。包含美国市场的SI在2005年之前的十年间在40%和45%之间波动，从2006年初开始缓慢上升，而在2008年10月出现了快速跳升，达到了58%的历史高点。不包含美国市场的SI呈现出了类似的形态，在2008年10月也出现了大幅跳升，甚至超过了包含美国市场的SI。这代表着亚太地区内部的溢出效应比美国到该地区的溢出效应更加显著，这和2005年以后国际资本对本地区资产配置的增加是相互印证的。

他们同时对金融危机期间的危机传导效应进行了研究，发现传导效应在美国和EMEAP国家之间不显著，而区域内部的危机传导效应则是显著的。他们将此归因于投资者在面对一般性外部冲击时无差别地对待区域内部的各市场。鉴于他们的研究时间较早（2008年12

月)，因此他们得出了金融危机期间的美国到该区域危机传导效应不显著的结论，这可能和数据量较少有关，其参考价值有限。而 EMEAP 国家区域内部较强的羊群效应则侧面印证了 Chudik 和 Fratzscher (2011) 等关于 2007—2008 年这一阶段，Flight - to - safety 效应表现为地理上，资本从新兴市场经济国家流向发达国家的结论。研究发现，资本无差别地对待该区域内部的新兴市场国家市场。

Ahmad 和 Sehgal (2012) 使用了 DCC - GARCH 模型对 GIPSI (欧洲五国)、美国、英国和日本对 BRIICKS 各国在 2009 年至 2012 年欧债危机期间的危机传导效应进行了实证研究。实证结果发现，欧债危机期间的条件相关系数发生了显著的增加，代表了因羊群效应而导致的显著的危机传导效应，显示出了 BRIICKS 国家易受危机影响的特征。欧洲五国中，爱尔兰、意大利和西班牙对 BRIICKS 各国的影响比希腊更大。同时，欧洲五国作为整体比其中单个别国家对 BRIICKS 的影响更大。与其他文献的结论类似，他们也得出了在危机时期，全球化的投资策略所希望的风险分散效果可能远低于投资者的预期。

以上三篇文献具有很强的代表性，从地域和类型角度对第三层级的国家进行了归类，使用 DCC、VAR 和 SI 等模型对全球金融危机和欧债危机期间美国、欧洲等第一层级、第二层级的国家对其的危机传导效应做了实证研究，所得出的结论互相印证和补充，我们将其归纳如下：

首先，第三层级国家易受到发源于第一层级和第二层级国家危机的“传染”，在两次危机中均显示出了显著的危机传导效应。

其次，第三层级国家之间显示出了“羊群效应”，在全球金融危机期间尤为明显，资本从新兴市场国家流向发达国家。

最后，在危机时期，全球化的投资策略所希望的风险分散效果可能远低于投资者的预期。

（四）危机的跨国传导研究：基于金融市场波动的联动性

Kenourgios、Samitas 和 Paltalidis（2010）使用了 AG - DCC（Asymmetric Generalized DCC）模型和 Gaussian copula 模型（高斯联合相依模型）对发生在 20 世纪 90 年代末至 21 世纪初的五次危机（1997 年亚洲金融危机、1997—1998 年巴西金融危机、1998 年俄罗斯债务危机、2000 年互联网危机和 2002 年巴西危机）中 BRIC 四国和美英两国之间的危机传导效应进行了实证研究。他们使用了以历史收益率和波动性的跨国差异作为条件的多变量条件联合相依模型来代表股指收益率之间的相关性，估测单变量分布和联合分布。对高斯联合相依模型中的自变量参数建模是基于当前可得信息的条件时变过程，包含了时变、非线性关系和非对称性。同时，他们使用了 GARCH（1，1）模型来估测单变量波动性，使用标准化残差来估测相关性参数。他们所选用的数据包括巴西、俄罗斯、印度和中国（金砖四国）和美英两个发达国家的股指。数据样本包括了从 1995 年 1 月 2 日开始至 2006 年 10 月 31 日的股指周数据，以美元计价，不调整股息。非同步交易可能会导致对相关系数的观测误差。因此，周数据避免了日数据所存在的市场宏观结构性偏误，但又不失高频特征。

他们将数据分成五个阶段：①亚洲经济危机，1997 年；②巴西金融危机，1997—1998 年；③俄罗斯债务危机，1998 年；④互联网泡沫破裂，2000 年；⑤巴西危机，2002 年。他们对不同危机和非危机时期的股指收益率的实际非对称波动性和相关性进行分析。分析中存在的一个难题：在这些危机期间并不存在某一事件可以被作为危机发生的催化剂。例如，泰国股市在 1997 年 6 月崩盘，随后印度尼西亚股市在 8 月、中国香港股市在 10 月中期相继崩盘。此外，长期资本管理公司的倒闭在俄罗斯和巴西危机中扮演了重要的角色。同样地，互联网泡沫似乎在 2000 年 3 月破裂，但同期的美国市场却普遍相信市场会很快回到前期的高点。很显然，这些危机中存在着传导效应。因此他们将所有危机前后的可得历史信息都纳入数据样本。实证结果显示，条件联合相依模型在所有市场和所有期间都发现了正收益率均值、负偏峰态和非对称性。与非危机期相比，危机期间的动态相关系数出现了显著的“跳跃”，亦即发源于某一国家的危机都显著地存在着传导效应，都传导至了其他五个国家。股指的条件波动性显示出了这几次危机存在的广泛的、非对称、结构性的传导效应，而尾部风险相关性的上升则说明了各国市场同时暴跌的可能性在危机期间更大。同时，他们发现互联网泡沫危机作为产业性的危机（Industry - specific crises），比其他几次国别性的危机（Country - specific Crises）的影响更加显著。可能的解释是：作为一个“全球因素”，在美国爆发的危机的影响力更大。我们不难看出，在第一层级和第二层级国家产生的危机对第三层级国家具有强大影响力的同时，发源于第三层级国家的危机也同样可能存在对第一层级和第二层级的国家的明显的传导效应。

Kazi、Mehanaoui 和 Akbar（2014）使用 ADCC（Asymmetric DCC）模型对 16 个经济合作与发展组织（Organisation for Economic Co - operation and Development，OECD）成员之间在全球金融危机（Global Financial Crisis，GFC）和欧债危机（The European Sovereign Debt Crisis，ESDC）期间的危机传导进行了实证研究。实证研究分为三步：第一步，他们使用单变量 GARCH 模型对各国股市收益率进行回归。通过估算一个均值方程来获得对方差方程建模所需要的残差项。使用 EGARCH 模型允许利好信息和利空信息对波动性有非对称的影响，因为在现实中常见利空信息对波动性的影响更大。第二步，他们使用了多变量非对称 DCC 模型来对美国和 15 个 OECD 市场之间，以及希腊和其他 14 个 OECD 市场之间的时变条件相关系数进行回归。使用多变量 ADCC 模型的优势在于他们可以同时对所有市场进行配对来估算其股市收益率之间的相关系数，并研究潜在的危机传导效应。第三步，他们利用包含着两个分别代表 GFC 和 ESDC 危机时期的虚拟变量的 AR（1）模型来对第二步中所得到的动态相关系数进行回归，以检验在全球金融危机中是否存在着从美国到 15 个 OECD 国家、在欧债危机中是否存在着从希腊到其他 14 个 OECD 国家之间的危机传导效应。他们使用了包含美国的 16 个 OECD 国家的股指周数据，以美元计价来避免受到同期汇率和通胀率的影响。

而对于两段危机时间窗口的划分，在市场或学术界并没有一个统一的标准。对于全球金融危机，2008 年 9 月 15 日雷曼兄弟的破产被广泛接受作为危机的开端。而对于欧债危机的开端则众说纷纭，分歧较大。他们选用了 2009 年 11 月 5 日希腊政府突然宣布财务赤字率占到 GDP 的 12.7%，而非市场所预期的 6%，导致了希腊的经济崩溃的时间点来作为欧债危机的起点。这一事件的影响并不仅仅局限于改变了希腊国内和欧元区的市场心理，同样也对全球的投资者的预期产生了很大的影响。他们数据样本的跨度从 2004 年 1 月初到 2012 年 5 月底，涵盖了这两次危机。通过上述三步对数据进行回归分析以后，他们发现金融危机期间存在着显著的传导效应而欧债危机期间则没有。换言之，在金融危机期间，美国和其他 15 个国家之间股市收益率的 DCC 都呈现出了显著的上升，而在欧债危机期间，希腊与其他各国之间则没有显著的上升关系。有趣的是，美国和瑞士的股指收益率均值，在欧债危机期间甚至由负转正。他们将此发现归因于希腊相对较小的经济规模所产生的影响相对有限，以及国际金融机构，如 IMF 和 ECB 对在面临国债违约事件时对危机的反应措施做到了及时和有效。

Grammatikos 和 Vermeulen（2010）使用 GARCH 模型对美国和 15 个欧元区国家在 2007—2010 年金融危机和主权债务危机期间的危机传

导进行实证研究。他们使用股指日数据，将市场指数分为金融市场和非金融市场两部分，同时将时间区间分为雷曼倒闭前后两阶段。数据显示出了典型的金融时间序列数据所具有的非正态分布性和时变波动性。五年期的希腊政府债券 CDS 利差也有类似的特征，其非正态性和时变波动性甚至比股市更加明显。对数据的分析显示，日平均回报率在 2003—2010 年间呈现出繁荣—衰退的模式。所有的市场在危机之前的回报率均值为正，而在危机期为负。在考量雷曼破产前后两段时间窗口时，并未在各国发现一种普遍的模式。对于波动性而言，在危机前和雷曼倒闭前后两阶段危机期之间存在天壤之别，清楚地显示出了危机带来的风险上升。危机前的时期，市场较平静，波动性很低。

雷曼破产前的危机第一阶段，市场数据的波动性大多数是翻番或者翻了三番。对于非金融市场来说，金融市场波动性的增加更多。雷曼破产后，悲观情绪的蔓延使得股市波动性进一步骤增，特别是在美国、希腊和爱尔兰。15 个欧元区国家的金融和非金融市场在危机前和美国同期的市场特征非常相似。然而，在危机开始后，尤其是在雷曼破产后，美国市场尤其是金融市场的波动性比欧洲各国高得多。在模型的选择上，他们使用了传统的 GARCH 模型，对全球金融危机期间美国和欧元区各国的市场指数之间的波动性和相关性进行回归，对欧洲主权债务危机时期希腊国债 CDS 利差为因变量的因素模型进行估测。他们的实证结果发现，在全球金融危机期间，存在很强的从美国到欧洲的非金融市场间的危机传导效应，但是金融市场间的传导效应则相对有限。而在雷曼倒闭以后，金融市场越发受到希腊 CDS 利差的影响，而非金融市场并未如此。欧债危机之前，欧元汇率变动和欧洲股市收益率呈负相关，而在雷曼倒闭前的危机第一阶段则变得无关，在雷曼倒闭后的危机第二阶段呈正相关。这种相关性的转变过程显示出了欧元升值在危机后期被投资者们理解为资本回流所预示的危机影响减弱和经济形势好转。

Tamakoshi、Toyoshima 和 Hamori（2012）使用 ADCC 模型对 2007 年至 2011 年间希腊和其他欧洲六国之间的相关性进行了实证研究。他们使用了 1046 个股指日数据的观测值，涵盖了希腊、爱尔兰、意大利、西班牙、德国、法国和英国欧洲七国。所有股指回报率均为指数价格的一阶差分，除了英国以英镑计价以外，其他六国均以欧元计价。选用日数据的理由有两个：第一，使用日数据可以避免因使用更低频数据所忽略潜在溢出效应的可能性；第二，日数据为研究近期的欧债危机提供了足够的样本量。对数据的研究显示，所有的七国在欧债危机前，平均股指收益率都为负值。这不难理解，因为数据的时间范围涵盖了 2007 年开始的全球金融危机。而从 2009 年 11 月开始，即通常所认为的欧债危机开端，除了希腊的平均股指收益率进一步下跌外，其他六国的收益率均回升。标准差的变化呈现类似特征。除了西班牙，其他国家数据的峰度均下降。Jacque - Bera 检验拒绝了所有七国数据的正态分布性。同时，ADF（Augmented Dickey - Fuller）检验也在 1% 的显著性水平上拒绝了单位根的存在。

他们的研究分为三步：首先，他们使用多变量 GARCH 模型对每个国家股指收益率的条件方差进行了估计。与常见的GARCH（1，1）模型不同的是，他们使用了 Schwartz Bayesian Information Criterion（SBIC）估计了最优的 AR（k） - EGARCH（p，q）模型。他们发现除了希腊适合使用 AR（2） - EGARCH（1，1）以外，其他六国数据更适合传统的 AR（1） - EGARCH（1，1）模型。方差方程的所有参数在 1% 的显著性水平上都显示出了很好的适应性，包括 GARCH 和非对称性的参数。然而，均值方程的参数即使在 10% 的显著性水平上仍不显著。鉴于分析的目标是对股指收益率相关系数的动态进行研究，方差方程的适用性使模型整体来说仍然是可行的。第二步，他们使用非对称 DCC 模型测算出时变条件相关比率。第三步，他们使用 AR（1）自回归模型对第二步中得到的相关比率进行建模回归。在模型中，他们引入了虚拟变量来代表主权债务危机期，以观察债务危机是否显著地改变了希腊和其他六国之间的条件相关系数。基于对实证结果的分析，得出以下四个结论：

第一，希腊股指的波动性和爱尔兰的相关程度远高于和其他欧洲大陆国家的相关性。

第二，在 2009 年末欧债危机开始前，希腊的股指和其他六国之间的相关性呈现出波动起伏的特征，在 2008 年第四季度达到峰值。和其他文献的结论类似，2008 年 9 月雷曼兄弟申请破产保护使得全球的危机传导效应达到了顶点。

第三，欧债危机开始后，相关性的峰值出现在 2010 年的第二季度，尤其是希腊和西班牙之间。这与 2010 年 5 月雅典街头爆发的大规模抗议和投资者对于希腊的债务清偿能力的怀疑持续升温而导致欧洲主要股指暴跌的时间重合。需要注意的细节是，这次相关性程度的峰值要低于 2008 年的峰值，显示出欧债危机的传导性要小于全球金融危机的传导性。

第四，也是最重要的一点，在 2010 年 5 月以后，动态相关系数呈现下降趋势，尤其是希腊和德国、法国、英国之间的相关性甚至下降到 2007 年初的水平以下。整体区间的出人意料的下降趋势，给国际投资者带来了重要的启示，即在欧债危机不断恶化、存在着严重但是短期的危机传导效应（2010 年初至 5 月）的同时，希腊和其他欧洲六国之间却存在着一定的分散风险的机会。

以上四篇文献主要使用了 ADCC、GARCH 等模型，针对第一层级和第二层级国家之间的危机传导机制进行了实证研究。我们对其所得出的结论归纳如下：

首先，第一层级的危机对第二层级国家的传导非常显著，而第二层级的危机对第一层级和第二层级内部的传导效应有限。

其次，从欧债危机开始至 2011 年期间，只有 2010 年初至 5 月这一时间段显示出了强传导效应。这与 2009 年 12 月希腊主权评级被下调、2010 年 5 月欧盟批准 7500 亿欧元希腊援助计划在时间上是相吻合的。

再次，欧债危机对第一层级、第二层级的传导效应不显著的可能原因包括：希腊等国家本身经济规模不大，以及欧盟、ECB、IMF 等及时采取了措施。

最后，欧债危机期间，希腊和部分欧洲国家之间的动态相关系数呈现出了总体下降趋势，显示出了一定的分散风险的机会。

我们对近年来具有代表性的对危机传导机制进行实证研究的文献进行了梳理，结合全球经济的地缘结构分层框架，非常清晰地对各次危机在各层之间的传导机制进行了归纳，同时对各次危机以及各层的特性也做了深入的了解。在此，我们对每一层级的经济体及其产生危机的传导机制进行汇总，归纳如下：

第一层级：以美国为代表，其产生的危机影响大、范围广、程度深，极易“传染”到其他各层级国家，以致产生全球性的危机。

第二层级：以欧洲、日本等为代表，其产生的危机具有显著的国别、地域特征，相对而言易受控制，对第一层级和第二层级的传导性有限，而对第三层级的经济体影响更大。

第三层级：以 BRICKS 等新兴市场经济国家为代表，其非常容易受到外来危机（包括本层之内其他经济体发生的危机）的“传染”，而且所受的影响程度往往比发达经济体更深；同时，发源于第三层级的危机也可能存在对第一层级和第二层级的传导效应。

同时，我们注意到这些文献所使用的实证研究工具主要包括VAR、DCC－GARCH等适合进行金融变量间相关性的可靠估值的模型，我们将在下一节通过引述Engle（2002）的研究，来对我们使用的DCC－GARCH模型进行详细的介绍，并对其适用性和可靠性进行探讨。

第四节

研究思路与创新点

一、研究思路与结构

本书以动态和全面联系的层面看待主权债务危机，建立统一框架，在全球视角下，研究债务危机的传导机制和相互关系。首先，在综述国内外现有文献的基础上，基于主权债务危机理论，形成论文选题及研究框架。其次，构建金融危机和主权债务危机跨国传导的理论分析框架，从理论和实证的角度来分析梳理主权债务危机的跨国传导渠道和机制，并通过国家主权经济实力的分层考察，来对主权债务危机的特性进行分析。再次，通过选取具有代表性的经济体和市场，对危机的层级传导机制进行实证研究。最后，进一步运用案例研究的方法分析考察主权债务危机的同层及跨层传导机制，以期对未来潜在的危机传导及其对中国的影响作出合理的预测，并对危机的处理应对提供相应的借鉴指导。

根据研究目标及研究思路，本书共包括六章内容，具体安排如下：

第一章为导论。主要阐述本书的研究背景和意义，并对主权债务、外债、政府国内债务、主权债务违约、连续违约、债务危机等相关概念进行界定。在此基础之上，系统回顾和评述国内外关于金融危机和主权债务危机的相关文献，并提出值得扩展研究的空间，确定本研究的切入点。最后介绍本书的研究思路、结构安排、研究方法和主要贡献与创新点，从而为理解全书结构提供线索。

第二章主要介绍和分析国家主权经济实力分层结构。本章内容包括：第一，对基于主权债务危机传导的国家实力进行分层考察；第二，运用全球数据库分析与选取主权经济实力的分层指标；第三，计量结构分析与讨论；第四，分析主权债务危机在不同分层结构下的特性。

第三章主要对主权债务危机跨国传导的理论模型进行研究。本章内容包括：基于之前对主权债务危机跨国传导内涵的分析和文献的总结，分析主权债务危机跨国传导的理论模型。

第四章是主权债务危机传导的实证研究。本章内容包括：第一，引入危机传导的模型工具——DCC - GARCH；第二，欧债危机向新兴市场国家传导的实证分析和结论。

第五章是主权债务危机同层传导及跨层传导的案例研究。本章内容包括：第一，研究美国债务危机，从第一层级向第二层级和第三层级的传导；第二，研究欧债危机，从第二层级向第一层级和第三层级的传导；第三，研究拉美债务危机，主权债务危机在第三层的“共振研究”；第四，研究俄罗斯债务危机，从高层级向低层级的传导。

第六章是本书结论。

二、研究方法

根据各部分的不同侧重，本书在研究过程中将定性分析和定量分析相结合，理论研究和实证研究相统一，同时运用案例分析进行验证研究。

（一）定性分析和理论研究

本书采用历史分析和比较分析的方法来进行定性和理论研究。运用归纳比较分析法，对已有的文献内容进行总结，得出与研究相关的主要论点；通过历史比较分析，借鉴经典，从而全面、辩证、科学地考证研究问题的本质，从中找到本研究可拓展的空间。

（二）定量分析和实证研究

本书在定性分析和理论研究的基础上，运用系统聚类法、快速聚类法、主成分分析等方法对国家主权经济实力进行分层研究；同时采用 DCC－GARCH 模型、AR 模型、动态相关系数和蒙特卡洛模拟等方法，实证考察主权债务危机的传导机制。

（三）案例分析

本书引入案例分析手段，比较分析典型地区债务危机的同层传导和跨层传导机制，以为未来的危机的处理应对提供相应的借鉴指导。

三、主要贡献和创新点

本书有以下几个方面的贡献：

第一，我们通过检验具有不同特征和不同起源地的金融危机传导非对称机制的存在性提供了关于传染金融理论的新证据。本书运用的 DCC－GARCH 模型非常适合检验对于不利冲击的非对称反应（不利冲击期间更强的传染效应）。

第二，鉴于对新兴市场经济体的研究非常有限，本书与以前研究的不同之处在于：更关注来自不同区域和全世界的新兴股票和债券市场，而不是单一成熟经济体。在这种框架下，我们能分辨出新兴市场经济体中的这两种资产市场中哪个更容易受到金融传染效应影响。针对以债务为主要融资来源的新兴经济体的债券市场的传染效应成为一个被较少实证研究的课题，现有研究大部分关注外汇市场和股票市场的冲击传播机制。

第三，次贷危机的传染分析也非常重要，考虑了新兴市场经济体的传染效应是否被缓和化的争论。

第四，检验危机动态的差别揭示了一些解释变量，为关于新兴市场政策表现的弹性和持续性的争论以及新的国际或区域金融体系的建立做出了贡献。

本书的创新之处主要表现在以下几个方面：

第一，以统一的分析框架研究了包括国内传导、国外传导以及危机传导在内的主权债务危机传导机制，丰富了主权债务危机传导理论。

第二，在主权债务危机的国内传导环节，完善了金融市场对债务危机的传导理论，分析了金融市场通过利率变动、资产负债表效应、流动性等因素将债务危机从债券市场向金融其他子市场进行风险传导的机制，并提出了在资本账户开放情况下，信心、预期以及国际投机因素在危机传导中的重要性。

第三，在主权债务危机的国际传导环节，丰富了对危机传导的主体、路径和范围的讨论，并提出一国在世界金融体系中的相对位置决定了对主权债务危机的传导方向。

第四，以美国债务危机和欧债危机为例，对金融中心国家及非金融中心国家在主权危机传导过程中自体影响及被影响的差异性进行了实证分析。

第二章　国家主权经济实力分层结构

在对危机的跨区域传导进行研究之前，我们需要对基于主权债务危机传导的国家主权经济实力进行分层。对国家主权经济实力分层的目的是为了引入金融危机传导过程中的经济基本面因素。理论界的相关研究较少，关于主权经济实力的指标的选择也存在差异。本书选取了151个国家的16项与主权经济实力相关的指标，首先采用系统聚类法和快速聚类法进行了国家分类。结果发现，从主权经济实力角度看，样本国家可以分为三类，第一类是美国和英国；第二类是欧洲强国和“欧猪五国”等欧美发达国家；第三类是以“金砖五国”为代表的发展中国家。接着，我们对数据进行了主成分分析，并根据主成分得分排序和分类，分类结果跟系统聚类法高度相似，差异率仅为0.11，且分类结果支持欧洲强国和“欧猪五国”按地缘关系分为一类。最后，我们将主权经济实力分层结果总结为“金字塔”结构，并对各层的特点进行了分析。

第一节

基于主权债务危机传导的国家实力分层考察

本章将广泛地选取指标来衡量国家主权经济实力，并采用系统聚类、快速聚类等经典聚类方法对样本国家进行分层，同时更精细地考察哪些因素是决定分类的主因素。我们还将对指标进行主成分分析，并用加权主成分得分进行国家分层，以验证传统分层结果的稳定性。

本章结构如下：第一部分是基于主权债务危机传导的国家实力分层考察；第二部分是主权经济实力分层指标及全球数据库；第三部分是计量模型结果及讨论；第四部分是分层结构下主权债务危机特性分析。

一、基于主权债务危机传导的国家实力分层机理

（一）国界对资本流动产生割裂作用

在当前和未来，金融系统中的国界的意义是怎样的？如果在分析全球金融系统中严肃的考虑地理因素，全球金融危机的产生就可以被定位，其传导过程可以被追踪甚至预测（Wilhelm and Downing, 2001）。

克拉克和沃茨克（Clark, Wojcik, 2003）对德国金融市场进行实证分析，发现市场透明度和有效性深受国家（国界）和区域边界的影响，进而认为金融地理学是研究全球金融系统的一个重要角度。Beaverstock 和 Doel（2001）指出“风险和收益”在全球范围变化，资本会积聚在某地或从某地快速流出。

Gibson（1889）在《伦敦、巴黎和纽约的股票市场》中首次描述了有效市场假说的核心思想。随着经济学家对价格生成机制的不确定性的更深入研究，学界进一步推进有了效市场理论的研究。Bachelier（1900）在其《投机理论》中认为有效机制下，投资者的期望利润应该为零。Roberts 和 Osborne（1959）发现价格的波动呈现“布朗运动”态势，无法用一个基本确定性的规律来描述价格的变化。Fama（1965）对信息和证券价格间的关系从如下两方面展开了探讨：第一，信息对证券价格的传导机制；第二，证券价格对不同的信息变化反应程度不尽一致，有些信息可能引起强烈反应，而有些信息则无甚影响。简而言之，有效市场的核心是证券市场价格反映了多少相关信息。

Fama（1970，1976）提出了关于有效市场最权威、最严谨的定义，也是当下最通俗且流传最广泛的定义，该定义从理性预期角度出发，认为市场有效性是指市场对所有相关信息有一个正确反应，针对这些相关信息，投资者们预期未来价格的联合分布与理论上证券价格的内在走势概率是一致的。

$$f(P_t \mid \varphi_{t-1}) = f_m(P_t \mid \varphi_{t-1}^m) \qquad (2-1)$$

其中，$P_t = (P_{1t}, P_{2t}, \cdots, P_{nt})$ 为 t 时期各种证券价格的向量；φ_{t-1} 为 $t-1$ 时期可获得的所有信息的集合；φ_{t-1}^m 为 $t-1$ 时期市场实际采纳的信息集合；$f_m(P_t \mid \varphi_{t-1}^m)$ 为市场基于 φ_{t-1}^m 信息集合估测的 t 期价格的概率密度函数；$f(P_t \mid \varphi_{t-1})$ 为信息集合 φ_{t-1} 所隐含的实际的 t 时期价格的概率密度函数。

也就是说，市场有效性指市场正确利用 $t-1$ 期实际采用的信息集合来估计 t 期的价格条件概率密度函数，从而得到了 $t-1$ 期的证券价格，该证券价格与 $t-1$ 期可获得的所有信息集合下证券蕴含的内在价值是一致的。而当市场处于无效状态时，人们往往错误使用了一些信息，或者是忽略了一些有关信息。

有效市场还可进一步表达为：

$$E(\widehat{R_{jt}} \mid \varphi_{t-1}) = E_m(\widehat{R_{jt}} \mid \varphi_{t-1}^m) \tag{2-2}$$

其中，$E(\widehat{R_{jt}} \mid \varphi_{t-1})$ 为时间 t 下证券 j 基于 φ_{t-1} 的真实预期收益率；$E_m(\widehat{R_{jt}} \mid \varphi_{t-1}^m)$ 为市场所估计的证券 j 在时间 t 的预期收益率，即均衡收益率。

有效市场即任何证券在 t 时刻的真实预期收益率和市场均衡收益率相等。市场有效性命题只要求式（2-2）成立，对收益率的条件概率分布密度函数并没有特殊要求，密度函数由不同模型来设定，在有效市场假说中，任何模型，只要是合理的，它所确定的均衡收益率都可以作为 $E_m(\widehat{R_{jt}} \mid \varphi_{t-1}^m)$ 来使用。

Fama（1970）和 Roberts（1967）将有效市场分为三种形式，如图 2-1 所示。

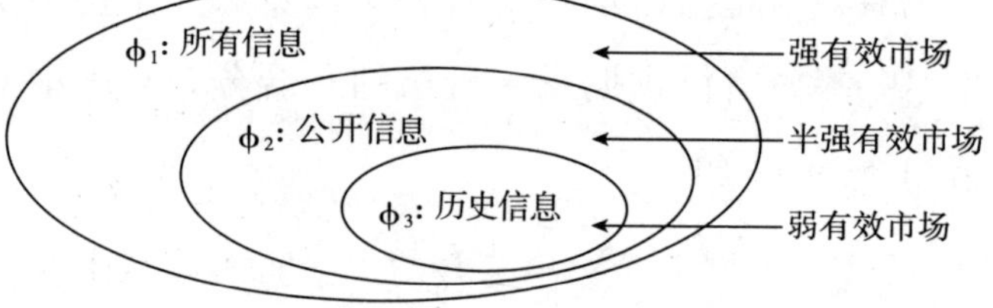

图 2-1 信息分类与有效市场形式

1. *弱有效市场*

弱有效市场（Weak-form EMH）指当前的证券价格反映了过去的所有历史交易记录，但不包含当前的信息。过去的历史交易记录有历史的价格、历史成交量、历史成交金额等。弱有效市场意味着投资者无法单纯通过过去价格走势来进行统计套利，即技术分析是没有意义的。在20世纪，技术分析曾在发达国家市场获得过巨大盈利，但步入21世纪后，在美英等国通过技术分析来套利越来越难。

2. 半强有效市场

半强有效市场（Semistrong－form EMH）在弱有效市场的基础上严格了假设。该假设意味着证券价格不但反映了过去所有历史交易记录信息，还反映了当前的公开信息，即投资者对当前的公开信息也作出了正确反应，当前公开信息包括公司的财务数据、股利分配政策、宏观经济景气程度等。半强有效市场意味着不仅技术分析没有意义，基本面分析也是没有意义的，投资者无法通过对当前的公开信息深入分析来获取超额利润。

3. 强有效市场

如果证券现行价格不但反映了弱有效与半强有效市场定义中所包含的信息集合，还反映了尚未公开的内幕信息，那么市场就是强式有效的。强有效市场（Strong－form EMH）要求最严格，它意味着即使投资者掌握内幕消息，也无法获得超额收益率。

可以看到，市场的有效性从以下四个维度来反映：一是收集信息的速度，市场可以迅速、充分揭示可以用来对当前价格进行定位的信息，即信息的有效性；二是证券市场的价格能充分被对信息分析后所产生的预期反映，市场一旦偏离有效时，投资者能从中获取相应收入，即评价的有效性；三是证券市场的投资品能够在交易市场上较为迅速地交割、变现，即证券有较强的流动性；四是证券市场的服务职能是完善的，使得证券市场可以正常、正确运行，即证券市场组织职能的正确性。在有效市场下，人们利用可获得信息集合证券估计了证券投资品的条件概率密度函数，从而证券市场价格与真实价格保持一致，得到了正确反映。而当市场处于无效状态时，人们往往错误地使用了一些信息，或者是忽略了一些有关信息。

各国的资本市场因为发展阶段不同，在四个维度上的发展状态各异，也决定了各自金融市场在信息反映价格的市场机制上，从弱有效过渡至半强有效，并最终达到强有效。

（二）金融跨地域流转形成地理层级

金融跨地域流转是指金融要素（资金、资本、金融工具等）在地域上的流动、组合，及金融要素流动、组合对区域的影响和作用（傅雪莹，2012）。在当前经济全球化、金融一体化的大背景下，金融市场和中介通过庞大的国际远程通信系统连接在一起，使资金的支付和证券的交易可以 24 小时不停地进行。金钱永不止息（Money Never Sleeps）。在由各种机构、各种市场和各种资本组成的庞大的金融市场中，从银行到保险、从对冲基金到股票经纪公司，尽管业务类型不同，但相同的是，它们都从地球的每一个角落筹集并运用资金，使资本通过各种投资和借贷的形式在金融系统中循环。银行资金、抵押借款、保险金、退休金、各种股票和股份、各种金融衍生产品投资将金融资本与资本风险收益的相关信息，在国与国之间以及区域与区域之间，跨越时间、空间，连续不间断地融通和流转。与此同时，在金融产品、金融机构、金融参与者基础上，将金融标准、法律标准、风险偏好及核心定价权等在全球范围内流转。

Gehrig（1998）认为，证券信息汇集密度大、证券交易流动性更强的区域，证券对信息的敏感性会更强。而标准化证券由于其交易的便捷性，流动可能更自由，微小的成本差别都有可能引发价格的巨大波动。

随着技术的发展和体制的完善，金融市场的摩擦程度在慢慢减小，进入市场的物理成本呈下降趋势，而信息的收集、交流与散播也变得更为容易。尽管交易的相关费用在下降，但只要为正，金融地理这个因素就会有其影响力。有学者从物理角度来看金融市场，认为市场离心力和向心力的相互作用不停塑造着金融地域中的核心与外围区域。Porteous

从历史角度进行了金融中介的区位研究，使用计量学方法研究了银行集聚对区域不均衡发展的作用以及金融中心之间的竞争。Zhao、Smith 和 Sit（2002）在研究中国金融中心演变过程时嵌入了信息腹地理论，他们认为信息不对称与外部性造就了信息腹地，而信息腹地又往往对积聚大量信息的金融中心的形成起到重要作用，他们的研究揭示了中国的北京、上海、香港、广州、深圳作为金融中心空间地位的转换。

二、分层主要指标设立的历史沿革

在目前常见的分类或分层方法大致有三种：一是按国家经济发达程度进行分类，代表指标有世界银行选用的发达国家、发展中国家、不发达国家的分类法等，以及根据其他发达程度来区分国家，如 OECD 国家和非 OECD 国家。此类分法大多是简单地基于 GDP 或人均 GDP 等因素，却较少涉及金融和贸易发展程度方面，并且在研究某些领域的相关问题时，这些简易指标构造的国家分类并不能够准确、有针对性地将国家间按不同特点区分开，因此许多经济学家和社会学家便致力于研究如何才能根据所研究的方向用不同的方法来对国家进行相对精准的层级分类。例如，Sohrab Abizadeh（1986）运用最大似然法，使用了社会经济学指标对世界不同国家进行分类以衡量经济层级的关系。John Tang 和 P. A. Salvador（1986）运用聚类分析法和亚太经济社会发展委员会（ESCAP）所阐述和推广的大量的经济发展指标对世界各国从经济发展未来规划的角度进行分层，一共将亚太地区国家分为五个层级而非原始的三级。为了反映世界生活水平发展状况，Krishna Mazumdar（1995）使用了社会经济学中人均寿命指标、购买力平价调整的 GDP、城市人口占比、医务人员占比、教师—学生比、出生婴儿存活率等指标来构建世界国家的层级结构。

二是基于地理和金融的分类方法。傅雪莹、陈才等（2011）从金融学和地理学的理论角度，研究世界金融地理层级的分类方式和产生金融地理层级的内在机制。他们指出，金融体系的内部联系、世界经济和整体发展趋势与地缘层级特性紧密相关。他们从银行、资本市场、保险和金融辐射四个维度总和衡量一国的金融发展状况。

三是综合性指标分类方法，涉及政治、经济、环境等多重指标。例如，Antonio、Manuel 和 César（2013）从富有国家对于贫穷国家的贡献程度方面对富有国家进行分类，运用一种序数分类法对富有的国家表现进行评分（不仅仅是排序）。序数分类法能够发现每个国家对于其他国家发展的承诺和付出。这里运用的具体分类方法是人工神经网络法。Nielsen Lynge（2013）分析了联合国的国家发展研究项目，认为基于交通、数据导向的国家分类系统比单纯地判断和设定特别规则的分类方法更优。B. S. EVERITT（1979）则提出了聚类分析法及其局限性。若在研究时没有对这些问题做出相关修正，那么得出的结论就会是有偏的甚至完全错误的。Janike、Monch 和 Ranneberbg（1989）运用4种指标，对31个东方、西方工业国家的经济结构和环境转型进行研究和区分，得出的结论是国家经济发展和环境之间在1970年有显著负相关关系，在20世纪80年代后的相关关系减弱。Fernandez、Carlson（1997）基于 Hofstede 在1980年搜集的数据和对国家的回归，再次检验了当时国家分类的有效性。结果发现这十多年间发生了许多变化导致这样的分类已经无效，而这些改变很多是由于环境的变化所引起的。

Tarani Chandola（2001）在英国运用了社会阶层分类方法（National Statistic Socio – Economic Classification（NS – SEC））和其他的社会经济变量来解释英国南部的亚洲人和大多数白种人的健康差异。David Rose 和 Eric Harrison（2007）的观点认为由于欧洲统计局的统计协调项目，产生了“欧洲社会科学经济分类”（ESEC），本书在介绍 ESEC 概念的基础上，介绍了分类的类别以及如何被运用和操作。另外还使用此分类对失业率、教育、贫困、剥削和医疗卫生对欧盟进行了的研究和分析。分析表明，ESEC 作为一项重大进步，更好地阐述了欧洲社会不平等模式，因此此项新的分类对于学术和政策研究是至关重要的。Porter（2000）提出在全球化时代，经济地理学存在一个悖论。人们普遍认识到技术的竞争和变革撼动了地理位置的传统地位。然而，群聚效应和相互关联公司的区域集中度在每个国家地区都显示出重要特征（尤其是发达国家）。即使在群聚的原始原因已经弱化的情况下，新的、更加复杂的群聚原因随着全球化和动态知识经济正在显现出来。群聚效应代表一种对国家和经济体的一种新视角，并且强化了公司国家和机构的竞争力。Manrai 和 Lascu（2001）运用了一种国家聚类分析框架，对欧洲 18 个国家根据总体国际市场吸引程度进行分类。当企业评估潜在的国家中的市场机会时，他们不仅要看这个国家的需求，而且还要关注该国的物流等。因此将国家聚类分析分为三个阶段：首先，选择的人口和经济指标进行分析来评估该国总体市场潜力和经济实力。其次，将涉及商品在这些国家的发行和宣传指标。最后，将两套方案相结合。Perez - Aleman（2011）分析了国外经济组织是如何在本土企业中分布的，强调了从中央扩散的知识构建过程。基于由尼加拉瓜乳品生产行业代表的低收入国家的群聚纵向案例研究，它表现出与发达国家显著不同的跨境分布规律。Soontiens（2007）的目的是通过控制不同条件和价值角度研究同一个民族生活在不同环境和条件下的不同价值聚集效应，结果表明不同位置有显著重合的聚集值，但差异十分微小。

Sethi（1971）展示了如何应用 BC TRY 系统来将国际市场做聚类分析，29 个变量和 91 各国家被分为 4 个变量层次和 7 个国家层次。此外，文章还分析了未来如何用这些方法应用于国际商务。Helsen 和 Jedidi（1993）认为，国家分类常常被市场经理用于辅助研究国际市场的定价策略，这种机制一般包括对一些国家根据宏观变量进行分组或聚类。笔者关注了这些国家分类方法对理解不同国家分布形式的优势。具体来说，他们分析了同一层次的国家表现出相同形式的程度大小，对比了传统的分割方法和新的 diffusion - based 的国家分割方法（从三种不同的耐用品消费演变而来），后者是基于最近的潜在结构法和 Bass Diffusion 模型。Gianmarco I. P. Ottaviano（2002）认为，到目前为止，新经济地理模型（NEG）的贡献十分活跃，而它的规范分析和政策含义研究却是十分滞后的。究其原因是不愿承担整齐模型结构带来的后果，因此使用 NEG 模型并寻求它们确切的政策含义。这一步的跨越对于推进 NEG 模型在政治领域的应用是十分必要的。

三、从主权债务危机传导角度再看指标选择

本书主要研究主权债务危机跨国传导机制，因此，从服务主权债务危机传导角度，对主权经济地缘实力分层指标进行了再设计，在传统的国家金融实力分层的基础上新增了债务信息因素，包括一国债务总量、人口结构、产业结构（实体传导）、金融结构（金融传导）、地缘位置（预期）等，同时还将地理、政治、军事等因素纳入潜在的考量范畴。本书研究角度包括经济水平、债务指标、国际收支与贸易、金融市场活跃度、市场化程度与产权保护、军事水平等。

第二节

主权经济实力分层指标及全球数据库

一、主权经济地缘实力模型度量指标的选取

本研究主要是为了方便考察主权债务危机跨国传导机制，划分主权经济地缘实力层级的指标也应服务于主权债务危机传导，因此指标选取应该偏向债务危机角度，例如一国债务总量、人口结构、产业结构（实体传导）、金融结构（金融传导）、地缘位置（预期）等，同时也要考虑地理、政治、军事因素。

傅雪莹（2011）提出了金融地理层级性客观存在的数学分析，但是指标选取尚不够全面，而且对主权债务的针对性不强。现实中，国家间主要是通过负债、进出口、对外投资和国际金融市场以及综合国力来产生关联。进行经济建设需要负债，债务的多少不是绝对的，其取决于国家富裕的程度和国民储蓄的倾向。经常账户盈余也为一个国家积累外汇储备，进而偿还外债。发达的资本市场为政府提供国内融资渠道，也能通过将政府债务打包分解出售减轻国家的债务压力。军事实力也为一国提供充分的谈判实力。我们从服务主权债务危机传导角度，对主权经济地缘实力分层指标进行了再设计，在传统的国家金融实力分层的基础上，新增了债务信息指标，包括一国债务总量、人口结构、产业结构（实体传导）、金融结构（金融传导）、地缘位置

（预期）等，同时也要考虑地理、政治、军事因素。本书选择的指标为经济水平、债务指标、国际收支与贸易、金融市场活跃度、市场化程度与产权保护、军事水平等。

综合国家主权经济实力指标选择的历史沿革，同时结合具体的研究目标，再依据数据的可得性，我们选取的主权经济实力指标如表2－1所示。

表2－1　主权经济实力指标选择

指标名称	指标解释
国内生产总值（GDP）（美元现值）	以购买者价格计算的GDP是一个经济体内所有居民生产者创造的增加值的总和加上任何产品税并减去不包括在产品价值中的补贴。计算时未扣除资产折旧或自然资源损耗和退化。数据为现价美元。GDP的美元数据采用各国货币单一年份官方汇率换算得出。对于官方汇率不反映实际外汇交易中有效汇率的少数国家，采用的是替代换算因子
人均国民总收（GNI）（图表集法，美元现值）	人均国民总收入（GNI）（以前称为人均GNP）是国民总收入用世界银行图表集法换算为美元除以年中人口数。国民总收入（GNI）是指所有居民生产者创造的增加值的总和，加上未统计在估计产值中的任何产品税（减去补贴），再加上境外原始收入的净收益（雇员薪酬和财产收入）
中央政府债务与GDP的比率	债务是政府在某一特定日期欠他人未偿还的直接定期合同债务的全部存量。它包括国内和国外债务，例如货币和存款、除股票外的其他证券以及贷款。它是政府负债总额减去政府所持有的股票和金融衍生品的差。由于债务是存量而非流量，所以要在给定日期（通常为财政年度的最后一天）进行衡量
经常账户差额（国际收支平衡，美元现值）	经常账户差额是货物和服务净出口总和、净主要收入和净第二收入的总和。数据以美元现值计价
国家总储备（包括黄金，美元现值）	总储备包括持有的货币黄金、特别提款权、IMF持有的IMF成员国的储备，以及在货币当局控制下的外汇资产。数据按现价美元计
银行部门提供的国内信贷（占GDP的百分比）	银行部门提供的国内信贷包括以总额计算的对各部门的所有信贷，中央政府信贷除外，以净额计算。银行部门包括货币当局和存款银行，以及可获得数据的其他银行业金融机构（包括不接受可转移存款但确实承担类似定期和储蓄存款责任的机构）。其他银行业金融机构的例子还有储蓄和抵押贷款机构和建房贷款合作协会

续表

指标名称	指标解释
外国直接投资（净流入）（国际收支平衡，美元现值）	外国直接投资是指投资者为获得在另一经济体中运作的企业的永久性管理权益（10%以上表决权）所做的投资的净流入。它是股权资本、收益再投资、其他长期资本以及国际收支平衡表中显示的短期资本之和。显示报告经济体中的来自外国投资者净流入（新投资流入减去负投资）。数据以美元现值计价
总储蓄（占GDP的百分比）	国内总储蓄的计算是用GNI减去最终消费支出（总消费）加上净转移
证券市场总市值/GDP	市场资本总额（也称市场价值）是股票价格乘以已发行股票的数量。国内上市公司是指截至年末在国内注册成立的公司在该国股票交易所挂牌的数量。上市公司不包括投资公司、共同基金或其他集体投资工具
知识产权使用费（支付）（国际收支平衡，现价美元）	版税与许可费是指居民和非居民之间为在授权的情况下使用无形、不可再生的非金融资产和专有权利（如专利、版权、商标、工业流程和特许权），以许可的形式使用原创产品的复制真品（如电影手稿、计算机软件、录音等）而进行的付款和收款。数据按现价美元计
私营部门的国内信贷（占GDP的百分比）	私营部门的国内信贷是指通过贷款、购买非股权证券、贸易信用以及其他应收账款等方式提供给私营部门并确立了偿还要求的金融资源。对于某些国家，此类债权包括对国有企业的信贷。金融公司包括货币当局和存款银行，也包括那些数据可得的其他金融公司（包括那些不接受转移存款但是引发了定期存款和储蓄的负债的公司）。其他金融公司还有金融租赁公司、货币贷款、保险公司、养老基金和外汇公司
商品贸易（占GDP的百分比）	商品贸易占GDP的比重是商品出口和进口的总和除以GDP的价值，均以现价美元计算
企业注册的启动程序（数量）	启动程序即创办企业的必要程序，包括为了获取必要的许可证和执照以及为了完成开展经营活动所需的注册、验资、通知等工作所进行的接触活动。该数据用于统计具备特殊所有权特征、规模及生产类别的企业
15岁以上劳动力参与率（%）	劳动力参与率是指年龄在15岁及15岁以上的人口中从事经济活动的人口比率，即所有在特定阶段为货物和服务的生产提供劳动的人员
军费支出（占GDP的百分比）	斯德哥尔摩国际和平研究所（Stockholm International Peace Research Institute，SIPRI）的军费支出数据是根据北大西洋公约组织（North Atlantic Treaty Organization，NATO）的定义得出的，其中包括为以下方面提供的所有的经常性支出和资本支出：军队，其中包括维持和平部队；国防部委和其他从事防卫项目的政府机构；准军事部队，如果它们被认为是经过训练的并配备了军事行动装备；军用外空活动

二、国家样本及全球数据库

我们采用的数据来自 2014 年的世界银行数据库。世界银行数据库是由世界银行对外免费发布数据的数据平台，里面包含世界 253 个国家和地区的 21 大类数百个指标数据。数据库中的数据多为年度数据，由世界银行派出机构按地区进行统计后纳入库中。

从数据质量上，其数据库对世界各国采用了一致的统计方法，数据的跨地区一致性较好。此外，由于世界银行历史较长，数据库建立较早，其数据的时间跨度较大，部分数据甚至可以追溯至 20 世纪中期。总体上看，世界银行公开数据库可以提供2000 年以来世界全部国家和地区的较完整、一致数据，是研究全球宏观经济课题的较好数据来源。

在检索时，我们采用按指标检索的方法，以与债务传导相关的国家、地区数据建立指标系统并在系统内按照主题对数据进行分类。在债务传导研究中，我们也同时调整指标的客观性和匹配度，从而在避免共线性等指标重叠的前提下，尽可能完整覆盖国家金融、经济和地理指标。

在剔除主权经济指标缺失严重的国家和地区后，我们得到由 151 个国家组成的样本，每个国家有 16 个衡量主权经济实力的指标，数据为 2007 年、2009 年和 2011 年的年度混合截面数据，加权平均后得到截面数据。上述 151 个国家的 GDP 经济总量占世界 GDP 总量超过 95% ，具有较好的代表性。

第三节

计量模型结果及讨论

一、用聚类法进行国家分层

（一）系统聚类法

我们要从主权经济实力的角度对上述151个国家进行分类，希望把主权经济实力接近的国家分为一类，采用聚类分析进行操作。聚类分析又称群分析，是研究样品或指标分类问题的一种多元统计方法。原则是按照物以类聚的原则来研究事物分类，即找出具有相近程度的点或类聚为一类。

个体间的相似性可以用距离和相关系数来衡量①。常见的距离概念有绝对值距离、欧式（Eudlidean）距离、切比雪夫（Chebychev）距离和闵科夫斯基（Minkowski）距离；常用的相似系数有：夹角余弦、Pearson相关系数和指数相似系数。

聚类分析的具体方法包括系统聚类法、有序样品聚类法、动态聚类法、模糊聚类法、图论聚类法、聚类预报法等。SAS里，主要有两类聚类：①K－means（快速）聚类法，该方法事先要确定分多少类；②分层（系统）聚类，该方法事先不用确定分多少类，由各组间距离

① 通常，个体间相似性用距离来衡量，指标（这里为那16个经济指标）间的相似性用相关系数来衡量。

自动得出分类数。在聚类分析发展的早期，层次聚类法得到了广泛使用，其中尤以组间类平均法和离差平方和法应用最广，后来快速聚类方法逐步被人们接受，现在是两者相结合。我们先进行分层聚类确定分类数，再用此分类数进行快速聚类，呈现两种分类方法的结果以供比较和分析。我们在分类后还要结合现实进行分析。

系统聚类的基本思想是：构造每个类只包含一个样品的 N 个类，计算 N 个样品两两之间的距离，构成距离矩阵 $D^{(1)}$，合并距离最近的两类为一个新类；计算新类与新的各类的距离，得距离矩阵 $D^{(2)}$，然后合并最近的两类为一个新类……最后，我们把这 N 类聚合成了一类。

在确定这151个国家应该分为几类时，如果样品维度（经济指标个数）较少，我们还可以通过画二维或三维散点图来直观的确定类别个数。而我们的主权经济指标多达16个，因此只能借助一些统计量来确定最佳类别数，即使用半偏 R^2 统计量。

假设 N 个国家已经分为 k 类，类似方差分析中的概念，记 T 和 B_k 分别为总离差平方和与类间离差平方和，则 $R_k^2 = \frac{B_k}{T}$ 刻画了这 k 个类的离散程度，我们知道 k 越大，R_k^2 越大，如果新合并一类导致 R_k^2 大幅下降，那我们认为分类数量已经合理。这种变化即为半偏 $R_k^2 = R_{k+1}^2 - R_k^2$。

为了避免量纲的影响，我们对一些主权经济指标用该国GDP进行了标准化处理，后面会进行具体的介绍。

（二）快速聚类法

K－means聚类也称快速聚类，需要分析者聚类前自己制定类数目，但并不需要一次指定，可以经过多轮反复分析。

K－means的步骤是：主观确定分类数 K、类间距离的最小值 C 和类内距离的最大值 R，取前 K 个样品作为凝聚点；计算这前 K 个样品的距离，若最小距离小于 C，则将对应的两个点合并为一类，将该类作为新的凝聚点，重复该步骤，直至所有凝聚点间距离大于 C；然后对剩下的 $N-K$ 个样品逐个处理，计算某一样品与所有凝聚点的距离，若最小距离小于 R，则将该样品归入距离最近的凝聚点所在的类，并类后重复上一步骤，若最小距离大于 R，则该样品点独立为一类，处理完该样品点后才可以开始下一样品点；将样品按上一步骤再归类一遍，若归类不同，则涉及的重心要重新计算，若相同，则不必计算；重复上一步骤直至新的分类与上一次分类相同，聚类结束。

同时，为了考察哪些经济指标是造成国家主权经济实力差别的决定因素，我们在实现了聚类分析的基础上对 16 个经济指标进行了多元方差分析。

（三）主成分分析法

本书中每个国家选取的经济指标多达 16 个，这 16 个经济指标势必存在相关性，这种复共线性使得国家主权经济实力信息出现冗余。这种不必要的冗余会带来分析问题的复杂性，所以我们希望将这 16 个经济指标用少数几个综合指标来代替，同时这几个综合指标又能代表绝大部分的信息。

在进行主成分分析后，我们可以选取少数几个主成分作为信息的集中代表，将每个国家有限个主成分的得分进行加权处理，然后根据综合得分进行国家主权经济实力的分类。

首先考虑主成分定义：

设 $X=(X_1, X_2, \cdots, X_N)$ 是 N 维随机变量，$D(X)=\Sigma$，$E(X)=\mu$，$Z_i=a_i^TX(i=1,2,\cdots,N)$ 为 X 的第 i 个主成分，如果：

① $a_i^T a_i=1$

② $a_i^T \Sigma a_i=0$ $(i\geqslant 2, j=1, \cdots, i-1)$

③ $Var(Z_i)=\max Var(a_i^TX)$（当 a_i 满足前两个条件时）

从经典的主成分定义中我们可以看出，Z_i 所代表的原始变量中的信息是用 Z_i 的方差来表示的。

可以证明，设Σ的特征值为 $\lambda_1 \geqslant \lambda_2 \geqslant \cdots \geqslant \lambda_N$，$a_1, a_2, \cdots, a_N$ 为相应的正交单位特征向量，则 X 的第 i 个主成分为 $Z_i = a_i^T X (i = 1, 2, \cdots, N)$。主成分的个数最多为 N 个，为使用尽可能少的主成分来表示尽可能多的信息，我们要求前 M（$M \leqslant N$）个主成分的累积贡献率足够大，累积贡献率为 $\sum_1^M \lambda_i / \sum_1^N \lambda_j$。

在我们对本书中的16个经济指标进行主成分分析时，由于各个经济指标的量纲不一样，导致有些变量的方差因为量纲的选取变得非常大，而主成分分析中总是优先考虑方差大的变量。所以，为了避免量纲的影响，我们在主成分分析前对经济指标进行标准化处理：

$$X_i^* = \frac{X_i - E(X_i)}{\sqrt{Var(X_i)}} = \frac{X_i - \mu_i}{\sigma_i}(i = 1, 2, \cdots, N)$$

二、主权经济实力分层的实证结果

（一）国家主权经济实力的基本情况

我们选取的16个经济指标中部分与本国GDP总量有关，将这些绝对值的数据（Current account、FDI、Charges for the use of intellectual property、payments、Total reserve）用本国GDP进行标准化。

表2－2列出了这16个与国家主权经济实力有关的指标在用本国GDP标准化后的基本统计信息。

表2－2　混合截面数据的统计特征

变量	观测量	均值	标准差	最小值	最大值
中央政府债务增长率（%）	151	0.421718	7.678493	－55.0289	42.96396
经常账户差额（% of GDP）	151	－0.01637	0.249994	－0.4062	2.728312

续表

变量	观测量	均值	标准差	最小值	最大值
国家总储备（% of GDP）	151	0.215311	0.191197	0.006712	1.478554
现金盈余/赤字（% of GDP）	151	-1.84467	3.308518	-11.2438	23.74113
人均国民总收入（GNI，图表集法，100 美元现值）	151	102.157	135.6931	1.766667	502.9667
总储蓄（% of GDP）	151	21.2044	10.61294	-8.34809	66.46186
知识产权使用费（% of GDP）	151	0.085291	0.465005	-0.00018	4.44861
FDI（% of GDP）	151	0.058807	0.061256	-0.01743	0.458107
证券市场总市值（% of GDP）	151	54.92097	34.07656	0.48125	223.2073
股票交易额（% of GDP）	151	34.63319	41.74777	0.015583	272.1318
银行系统的国内信贷（% of GDP）	151	66.54411	57.69369	-60.7797	320.3723
私营部门的国内信贷（% of GDP）	151	56.41919	47.02466	3.941065	210.3339
企业注册的启动程序（数量）	151	8.150581	3.032568	1.333333	17
军费支出（% of GDP）	151	1.983197	1.357933	0.15949	8.677753
15 岁以上劳动力参与率（%）	151	63.20971	9.912208	41.86667	89.36667
商品贸易（% of GDP）	151	70.61008	30.48681	19.53957	173.2035

数据来源：Word Bank 数据库

（二）用系统聚类法进行国家分层

在上一部分计量模型分析中我们知道，当半偏 R^2 统计量开始快速上升时，分类数刚好达到最优个数，图 2-2 列出了类别数小于 30 时的半偏 R^2 统计量。

图 2-2 显示，在分类数为 4 时半偏 R^2 统计量开始快速上升，表明分成 4 类是一个大致合意的结果。当然，正如上面所述，我们要综合衡量其他实际经济情况对类别数进行适当的调整。

表 2-3 给出了用系统聚类法分为 4 类时的结果，我们可以看到，美国和英国被分为了第 4 类，第 3 类包含 8 个国家，其中“欧猪五国”①

① “欧猪五国”（PIIGS）是对欧洲五个主权信用评级较低的经济体的称呼，包括葡萄牙（Portugal）、意大利（Italy）、爱尔兰（Ireland）、希腊（Greece）和西班牙（Spain）。

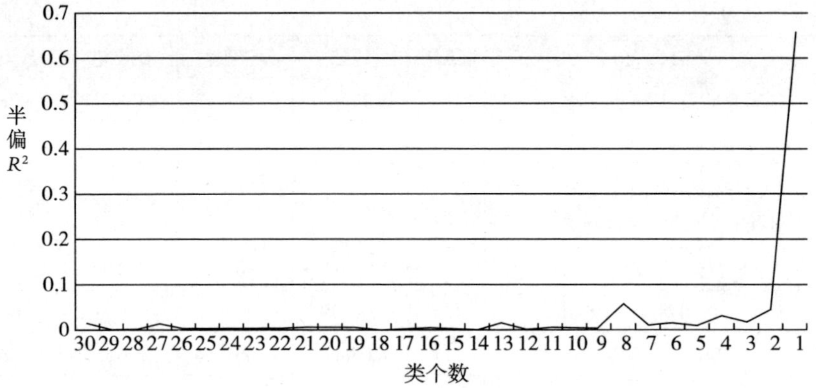

图 2－2　半偏 R^2 统计量

中的葡萄牙、西班牙、希腊和意大利都包含其中。第 2 类包含 14 个国家，包含德国、法国、加拿大和日本等传统发达国家，第 2 类和第 3 类绝大多数为欧洲国家。第 1 类国家数为 127 个，绝大部分为发展中国家，“金砖 5 国”都属于该类。

当我们用系统聚类法把国家分层为 3 类时，美国和英国被归到第 2 类，其他国家的分类结果保持不变。结合现实，很明显第 4 类和第 2 类中的国家主权经济实力较强，但这两类国家还是存在明显差别（“欧猪五国”中的爱尔兰被分到了第 2 类），第 3 类代表发达国家中一些主权经济实力相对较差的国家。

表 2－3　系统聚类法国家分层结果

国家	群组	国家	群组	国家	群组
英国	4	危地马拉	1	巴基斯坦	1
美国	4	尼加拉瓜	1	乌干达	1
巴哈马群岛	3	肯尼亚	1	匈牙利	1
以色列	3	格鲁吉亚	1	立陶宛	1
希腊	3	巴拉圭	1	萨尔瓦多	1
希腊	3	哈萨克斯坦	1	墨西哥	1
意大利	3	塞尔维亚	1	多米尼加	1

续表

国家	群组	国家	群组	国家	群组
葡萄牙	3	圭亚那	1	格林纳达	1
西班牙	3	马其顿	1	阿根廷	1
韩国	3	塞拉利昂	1	克罗地亚	1
澳大利亚	2	哥斯达黎加	1	圣基茨和尼维斯	1
加拿大	2	罗马尼亚	1	波兰	1
德国	2	突尼斯	1	土耳其	1
法国	2	乌克兰	1	圣卢西亚	1
芬兰	2	加纳	1	毛里求斯	1
科威特	2	坦桑尼亚	1	吉尔吉斯斯坦	1
奥地利	2	科特迪瓦	1	斯威士兰	1
瑞典	2	马达加斯加	1	秘鲁	1
爱尔兰	2	多米尼加	1	爱沙尼亚	1
冰岛	2	汤加	1	拉脱维亚	1
阿联酋	2	所罗门群岛	1	刚果	1
比利时	2	多哥	1	莱索托	1
荷兰	2	叙利亚	1	摩尔多瓦	1
日本	2	印度尼西亚	1	巴巴多斯	1
贝宁	1	菲律宾	1	黑山	1
马里	1	波斯尼亚	1	摩洛哥	1
科摩罗	1	洪都拉斯	1	博兹瓦纳	1
海地	1	毛里塔尼亚	1	斐济	1
喀麦隆	1	阿尔巴尼亚	1	巴拿马	1
老挝	1	埃及	1	智利	1
尼日尔	1	孟加拉国	1	巴西	1
几内亚比绍	1	玻利维亚	1	俄罗斯	1
布隆迪	1	蒙古	1	塞舌尔	1
布基纳法索	1	阿尔及利亚	1	约旦	1
冈比亚	1	伊拉克	1	马来西亚	1
塞内加尔	1	萨摩亚	1	越南	1
乌拉圭	1	刚果共和国	1	白俄罗斯	1
委内瑞拉	1	不丹	1	印度	1

续表

国家	群组	国家	群组	国家	群组
苏丹	1	尼泊尔	1	巴林	1
亚美尼亚	1	捷克	1	马耳他	1
厄瓜多尔	1	斯洛伐克	1	斯洛文尼亚	1
伯利兹城	1	保加利亚	1	泰国	1
马尔代夫	1	柬埔寨	1	黎巴嫩	1
斯里兰卡	1	阿曼	1	巴布亚新几内亚	1
尼日利亚	1	特立尼达拉	1	利比里亚	1
佛得角	1	哥伦比亚	1	利比亚	1
瓦努阿图	1	牙买加	1	沙特阿拉伯	1
马拉维	1	阿塞拜疆	1	中国	1
赞比亚	1	苏里南	1	南非	1
莫桑比克	1	纳米比亚	1	—	—
也门	1	埃塞俄比亚	1	—	—

（三）用 K－means 聚类法进行国家分层

从上面的系统聚类分析中我们可以看出，将分类数 K 设为 3 或 4 是比较合意的，表 2－4 列出了 $K=3$ 时 K－means 聚类法和系统聚类法分类的不同之处，由表可以看出，K－means 聚类中仅有 10 个国家的分类结果不一致，其中“欧猪五国”中的西班牙由原来的第 3 类被分到了第 2 类，8 个发展中国家由第 1 类被分到了第 3 类。这充分说明了系统聚类中第 3 类代表的是主权经济实力相对较弱的欧美发达国家，第 1 类主要为主权经济实力更弱的亚非拉发展中国家。快速聚类法中被转分到第 3 类的 8 个国家是主权经济实力相对较强的亚非拉发展中国家。通过两种分类方法结果的对比我们可以发现，分类结果确实将主权经济实力的差异良好地区别了出来，同时，分类结果具有较强的稳定性。

表 2-4　K-means 聚类法国家分层结果与系统聚类法结果的比较

国家	西班牙	阿拉伯联合酋长国	巴林	巴巴多斯	捷克	爱沙尼亚	马耳他	沙特阿拉伯	斯洛文尼亚	南非
Fast	2	3	3	3	3	3	3	3	3	3
System	3	2	1	1	1	1	1	1	1	1

三、决定国家分层结果的主因素分析

从上面分析可以看到，分层结果良好地区分了国家间主权经济实力的差异。进一步，我们希望知道哪些变量可能对分组的影响比较显著，以快速聚类为例，通过单因素方差分析继续分析是什么导致国与国之间分类的差距。

表 2-5　单因素方差分析

变量	DF	平方和	均值平方	F 值	P 值
中央政府债务增长率（%）	2	3.336611	1.668306	0.03	0.9725
经常账户差额（% of GDP）	2	0.044072	0.022036	0.35	0.7056
国家总储备（% of GDP）	2	0.39847	0.199235	5.8	0.0038
现金盈余/赤字（% of GDP）	2	28.56152	14.28076	1.31	0.2729
人均国民总收入（GNI，图表集法，100 美元现值）	2	2419741	1209871	523.34	<.0001
总储蓄（%of GDP）	2	152.5713	76.28567	0.67	0.511
知识产权使用费（% of GDP）	2	0.163361	0.081681	0.37	0.6882
FDI（% of GDP）	2	0.007999	0.003999	1.07	0.3467
证券市场总市值（% of GDP）	2	14802.97	7401.487	6.87	0.0014
股票交易额（% of GDP）	2	82885.54	41442.77	34.35	<.0001
银行系统的国内信贷（% of GDP）	2	232892.7	116446.4	64.69	<.0001
私营部门的国内信贷（% of GDP）	2	176862.5	88431.27	84.53	<.0001
企业注册的启动程序（数量）	2	124.2823	62.14114	7.33	0.0009
军费支出（% of GDP）	2	2.695529	1.347765	0.73	0.4845
15 岁以上劳动力参与率（%）	2	114.4506	57.22532	0.58	0.5616
商品贸易（% of GDP）	2	3410.126	1705.063	1.86	0.16

从F检验的显著性角度看，在99%的置信度下，我们发现国民收入、信贷和股票市场发达程度、外汇储备和创业环境是决定各类别的主要因素。

现实中，国家间主要是通过负债、进出口、对外投资和国际金融市场以及综合国力产生关联。进行经济建设需要负债，债务的多少不是绝对的，还取决于国家富裕的程度和国民储蓄的倾向。发达的资本市场为政府提供国内融资渠道，也能通过将政府债务打包分解出售，减轻国家的债务压力。创业环境好的经济体经济活力好，更能抗击信用冲击，同时，国民越富有，主权经济实力越高。

四、对经济指标进行主成分分析

我们对16个主权经济实力指标进行了主成分分析，得到如表2－6所示的结果。Eigenvalue为矩阵的特征值，也即主成分的方差，Difference为上一特征值和本特征值的差值，Proportion为本主成分的贡献率，Cummulative为累计贡献率，即 $\sum_{1}^{M}\lambda_i/\sum_{1}^{N}\lambda_j$ 。从矩阵的特征值看，前6个特征值都大于1，即前6个主成分的方差大于1，但每个主成分的贡献率较低，只有第一个主成分的贡献率超过了20%，前6个主成分的累计贡献率 $\sum_{1}^{6}\lambda_i/\sum_{1}^{16}\lambda_j=68.93\%$ 。从特征值大小和累计贡献率两个标准出发，我们仅仅考虑前6个主成分。

表2－6　特征根及累计贡献率

数值	特征值	差值	比率值	累积值
1	3.527588275	1.454190312	0.220474267	0.220474267
2	2.073397963	0.426593128	0.129587373	0.35006164
3	1.646804835	0.27101466	0.102925302	0.452986942
4	1.375790175	0.065081615	0.085986886	0.538973828
5	1.31070856	0.214752222	0.081919285	0.620893113

续表

数值	特征值	差值	比率值	累积值
6	1.095956338	0.16993677	0.068497271	0.689390384
7	0.926019569	0.106554803	0.057876223	0.747266607
8	0.819464766	0.099236391	0.051216548	0.798483155
9	0.720228375	0.114015863	0.045014273	0.843497428
10	0.606212512	0.042117035	0.037888282	0.88138571
11	0.564095476	0.165509794	0.035255967	0.916641678
12	0.398585682	0.051712652	0.024911605	0.941553283
13	0.34687303	0.04072133	0.021679564	0.963232847
14	0.3061517	0.066290501	0.019134481	0.982367328
15	0.239861198	0.197599651	0.014991325	0.997358653
16	0.042261548	—	0.002641347	1

表2－7列出了前6个主成分的特征向量。如果我们希望根据主成分进行排序分类，就需要特征向量了解每一个主成分的经济含义。6个主成分将涉及过多的主观判断。统计学上通常的做法是选取方差最大的主成分——第一主成分进行排序分类。观察 Z_1 中系数绝对值超过0.2的分量，系数为正的分量包括国民收入、上市公司市场资本化率、股市规模、国内银行信贷规模、国内私人部门信贷规模，系数为负的分量为注册公司的步骤数。从上面决定国家分层结果的主因素分析中我们知道，上述系数大于0.2的分量是决定国家分层结果的主因素，结合 Z_1 的系数正负符号，我们知道 Z_1 衡量的正是国家主权经济实力。

表2－7　主成分的特征向量

变量	主成分					
	Z_1	Z_2	Z_3	Z_4	Z_5	Z_6
中央政府债务增长率（%）	0.053068	－0.19084	0.192634	0.294827	－0.20078	0.517386
经常账户差额（% of GDP）	－0.03652	0.358917	0.332883	0.318343	－0.09067	－0.40677

续表

变量	主成分					
	Z_1	Z_2	Z_3	Z_4	Z_5	Z_6
国家总储备（% of GDP）	-0.14547	0.415741	-0.25212	-0.00163	-0.23688	0.241336
现金盈余/赤字（% of GDP）	-0.12156	0.316918	-0.02522	0.109356	0.557646	0.071021
人均国民总收入（GNI，图表集法，100 美元现值）	0.432534	0.088694	-0.06803	-0.00878	0.135232	-0.21254
总储蓄（% of GDP）	-0.04454	0.50789	-0.12704	0.065532	0.149943	0.187716
知识产权使用费（% of GDP）	-0.04653	0.100814	0.268556	0.642143	-0.19086	-0.1959
FDI（% of GDP）	0.010935	-0.16297	-0.4072	0.466296	-0.01517	0.342655
证券市场总市值（% of GDP）	0.293807	0.240963	0.160744	0.019263	0.042913	0.358029
股票交易额（% of GDP）	0.381337	0.220303	0.21996	-0.05853	0.069153	0.210222
银行系统的国内信贷（% of GDP）	0.486581	-0.06344	-0.0477	0.029727	-0.02888	-0.01338
私营部门的国内信贷（% of GDP）	0.49373	0.007058	-0.09509	-0.00729	0.032026	-0.10642
企业注册的启动程序（数量）	-0.22804	0.098716	0.271711	-0.25716	0.088724	0.167924
军费支出（% of GDP）	0.005702	0.315455	-0.03478	-0.24298	-0.35995	0.034548
15 岁以上劳动力参与率（%）	-0.05895	-0.16063	0.201428	0.114053	0.58507	0.090499
商品贸易（% of GDP）	-0.02793	0.114938	-0.57274	0.150699	0.136869	-0.21424

根据各国在主成分 Z_1 的得分，我们对国家进行了排序，然后根据得分区间进行分类，得分和类别情况如表 2-8 所示。

表 2-8 主成分得分和类别

得分	(+∞，6)	[6，4)	[4，2)	[2，-∞)
类别	4	3	2	1

根据此分类准则，我们得到了关于国家主权经济实力的分类，分类结果和系统聚类法的对比见表 2-9。由表 2-9 可以看出，分类结果不相同的国家数量比重仅为 11.26%，这再次说明了分类的稳定性。同时，我们看到，发生在第 2 类和第 3 类之间的类别转换为 11 次，占第 2 类和第 3 类国家数量的 50%，这说明了第 2 类和第 3 类较为相似，可以考虑将这两种合并，总共分为 3 类。

表 2-9 主成分得分的分类结果与系统聚类法结果的比较

国家	巴哈马	希腊	以色列	意大利	大韩民国	科威特	爱尔兰	新西兰	葡萄牙
Princomp	1	1	1	2	2	1	3	2	2
System	3	3	3	3	3	2	2	3	3
Princomp	3	1	3	3	3	3	3	3	0.1126
System	2	2	2	2	2	2	2	1	

综合上一部分中的 3 种分类方法，我们主张按国家主权经济实力将国家分为三层，第一层为美国和英国两个国家，第二层由德国、法国、加拿大等欧美强国（包括日本）和“欧猪五国”等欧美发达国家组成（第二层里面有上述子层次性），第三层主要包括“金砖五国”等广大亚非拉发展中国家。

三层的国家数量依次为 2、22 和 127，可以形象地用金字塔来描述，如图 2-3 所示。

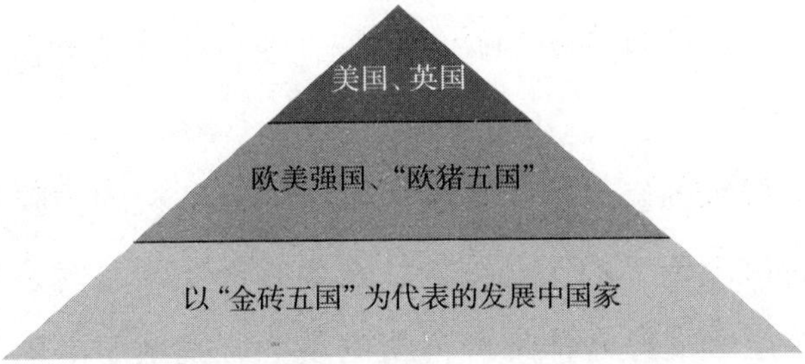

图 2-3 分层结果的“金字塔”结构

第四节

分层结构下主权债务危机特性分析

我们从下面几个角度解释主权经济实力有差异的各层的特点：

一、不同层级的爆发原因

随着金融地理层级的不同，主权债务危机在不同国家发生的原因也不尽相同，对此，债务危机的内生性和外生性起着重要作用。

对于第一层级的经济体，其主权债务危机发生的主要原因是自身经济的结构缺陷和国内政治博弈的结果。处于金融地理层级第一层级的经济体，其经济规模一般较大而稳定，发生债务危机来源于其经济发展模式中内生积累的风险因素。

对于第二层级的经济体，其主权债务危机发生的主要原因来自自身经济中财政政策不断积累的风险因素。这一层级的国家发生债务危机主要是自身过度依赖债务的财政政策，在发生外生冲击时无法实现自我维持。

对于第三层级的经济体，其发生主权债务危机的主要原因是过度依赖外资或者过度单一的产业结构，在面临外生冲击时发生债务清偿困难。这两个层级的经济体债务危机的发生，是由于本国经济过于依赖单个产业，或者外资引入结构过于单一，当宏观环境发生负面冲击时，单一的产业链条出现断裂，同时由于资金的不合理利用，主权债务的清偿能力出现断裂，进而导致主权债务危机的发生。

二、不同层级的爆发形式

位于不同金融地理层级的国家由于其市场发育的程度、市场运作的方式不同，主权债务危机爆发的形式也各有不同。对于第一、第二金融地理层级的国家而言，主权债务危机主要形式为债务违约风险上升或技术性违约。对于第三金融地理层级国家而言，主权债务危机主要事实的主权债务无法清偿。

对于第一、第二金融地理层级国家，其主权债务危机主形式为以债务违约风险上升或者主权债务违约的信号爆发。这两个层级国家由于在国际经济金融格局中占据重要地位，具有举债便利的优势，因而真正的债务违约难以发生。造成这一现象的原因有两点：首先，第一、第二金融地理层级的国家多有较大的经济总量和较好的经济基础，具有更好的危机防御能力。其次，如果第一、第二金融地理层级的国家的主权债务危机真的发生，会对全球经济格局造成巨大影响，其余国家为了防止更大危机发生，更可能向这些金融地理层级的国家借出流动性，使得这些国家呈现出“大而不倒”的特点。

对于第三层级的国家，其主权债务危机主要形式为主权债务的事实违约。这些国家由于经济总量较小，在债务危机发生时对于冲击的抵御能力较低。与此同时，由于其余全球经济格局中的作用不如第一、第二金融地理层级的国家重要，在发生危机风险时，常常出现举债困难。

三、不同层级的市场联动机制

对于不同金融地理层级的国家，由于其经济的组织形式和市场的连接方式不同，主权债务危机发生时各市场的联动机制也有所区别。

对于第一层级和第二层级的国家，由于实体经济和金融市场、金融市场内部的联系非常紧密，资金和信息在不同市场之间流动的壁垒较小，速度也较快，当主权债务危机风险增加或者主权债务危机发生时，债务市场的风险将首先发生。与此同时，证券市场和汇率市场将快速反应。这样的波动会以较快速度传递到实体经济的各个市场，发生系统性的经济波动。

对于第三层级的国家，由于各个市场相对分立，并且经济的开放程度低，资金与信息在不同市场之间流动的壁垒较高，速度也较慢，当主权债务危机风险增加或者主权债务危机发生时，债务市场的风险虽然会传递到证券市场和汇率市场，传递的速度和程度都较弱。与此同时，在实体经济中存在的对于金融市场依赖程度较低的产业基本不受主权债务危机的影响；即便存在影响，这种影响也是实体经济需求供给失衡调节带来的冲击，速度与程度均有限。

四、不同层级的引发效应

如前所述，处于不同金融地理层级的国家在主权债务危机形成的原因、危机爆发形式以及危机中的市场联动机制均有所区别，这样的区别与不同金融地理层级国家不同的经济金融特点相结合，使得主权债务危机在不同金融地理层级国家引发的效应不同。

对于第一金融地理层级国家和第二金融地理层级国家，其主权债务危机在国内和国际都会形成较大影响，与此同时，危机还会对市场上关于未来经济运行的预期产生冲击效应。处于第一金融地理层级和第二金融地理层级的国家，由于其经济运行的信息渠道非常发达，使得债务市场上的危机信息能很快向各市场传播，造成整个经济内关于经济前景的消极预期。同时，由于其在国际经济金融市场上的重要地位，这些国家的主权债务危机将向其他国家发生传导，形成国际效应。

这一点将在第四章进行详细论述。

对于第三金融地理层级国家，其主权债务危机将主要对国内实体经济的运行产生长期影响。对于这些国家而言，政府债务违约造成的影响不仅会体现为短期的经济波动，还可能损害经济的长期发展趋势，使得一些国家停留在主权债务危机中，出现债务导向的“贫困陷阱”。就国际层面而言，由于这些国家在国际经济金融体系中的地位不如前两个金融地理层级关键，其债务危机的国际效应相对较弱。

第三章　主权债务危机跨国传导的理论模型分析

本章在以往文献的基础上，通过对2008年全球金融危机的数据和历史经验进行理论抽象，提出用“债务债权国”模型和“贸易伙伴国”模型这两个两层结构模型，对全球的主权债务危机跨国传导进行理论解释，使全球主权债务危机传导期间的一些特别现象得到较好的解释，并由此为未来的理论分析和实证分析提供理论上的支持。虽然本书使用的两个模型并不能相互融合，但不同的理论流派最终都得出了相同的结果，即危机的传导确实以两层结构的模式，从美国等发达国家向其他国家传导，而且由于金融和贸易条件的不同，危机传导到其他国家的效果还有可能被成倍地放大。本书基于Kiyotaki和Moore（1997），Bernanke、Gertler和Gilchrist（1999）等所提到的金融乘数效应（Financial multiplier effect），将国际贸易传导渠道对危机扩散效果的放大效应称为贸易乘数效应（Trade Multiplier effect）。

第一节

理论模型

一、债务债权国模型

如图 3－1 所示，为何美国 2008 年发生的负向冲击不仅能够对其他国家产生影响，而且影响效果大而持久？危机在从美国向其他国家传导时，某些国家所遭受的负向冲击效果明显被扩大了，这又如何解释？

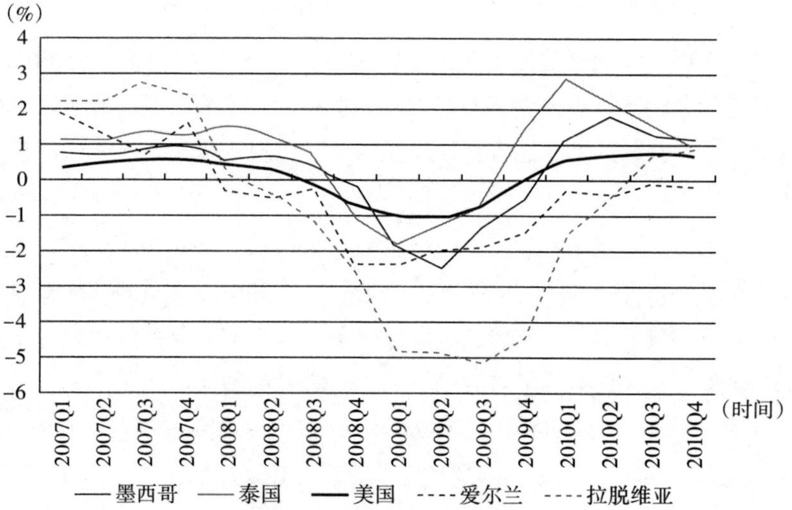

图 3－1　季度 GDP 增长率变化趋势

数据来源：World Bank Economic Review (2010)

本书与 Bernanke、Gertler 和 Gilchrist（1999）等 DSGE 模型类似，仍然将 Asset price 作为危机传导的一个轴心机制。模型得出的基本结论是当债权国的资产价格遭受负向冲击时，本国资本并不会发生 Capital flight，而是大量从债务国返回。而债务国由于资产价格下降与资本流回债权国，其抵押约束收紧，投资不足，从而陷入"资产价格下降—难以再融资—难以再投资—资产价格进一步下降"的恶性循环，由此也反映出全球危机传导的一个基本事实：债权国和债务国虽然同时受到全球资产价格下降这一负向冲击，但危机从美国向其他国家传导时，债务国遭受了非对称的负向作用，即危机传导至债务国时效果被扩大了。

此处债务国并不必然是经济落后国家，债权国也并不必然是经济发达国家。从一个双边（bilateral）或者多边（multilateral）的角度看，图 3－1 所示的五个国家都可以在下文的模型中作为债务国。在这个重要假设下，我们可以用下文类似于 Kiyotaki 和 Moore 的信贷周期模型简单分析各国在危机传导过程中所受的冲击大小。

借鉴 Kiyotaki 和 Moore（1997）的模型，为简化起见，本书设定如下两国：一个国家是债务国，符合小国开放经济假设，另一个国家是债权国。

债务国的最优化问题如下：

$$\max E_0 \sum_{t=0}^{\infty} \beta_d^t \frac{c_t^{*\,1-\sigma}}{1-\sigma} \tag{3-1}$$

$$\text{s.t. } c_t^* + R_t b_t^* + q_t k_{t+1}^* = z_t^* k_t^{*\alpha} + b_{t+1}^* + q_t k_t^* \tag{3-2}$$

其中，$z_t^* = \rho z_{t-1}^* + \varepsilon_t^*$

由以上的最优化问题得出债务国的抵押借贷约束（Collateral Borrowing Constraint）：

$$b_{t+1}^* \leqslant \varphi q_t k_{t+1}^* \tag{3-3}$$

类似地，债权国的最优化问题如下：

$$\max E_0 \sum_{t=0}^{\infty} \beta_c^t \frac{c_t^{1-\sigma}}{1-\sigma} \tag{3-4}$$

$$\text{s. t. } c_t + b_{t+1} + q_t k_{t+1} = z_t k_t^{\alpha} + R_t b_t + q_t k_t \tag{3-5}$$

同样地，$z_t = \rho z_{t-1} + \varepsilon_t$

由以上两个最优化问题知债务市场出清。此处假设$\beta_d < \beta_c$，即债务国比债权国耐性更小，故会借债来消费。

本书假设债务国满足开放小国条件（Size normalized to 1），债权国满足大国条件（Size N），市场出清条件可写为：

$$Nb_{t+1} = b_{t+1}^{*} \tag{3-6}$$

$$Nk_{t+1} + k_{t+1}^{*} = \bar{K} \tag{3-7}$$

$$Nc_t + c_t^{*} = N z_t k_t^{\alpha} + z_t^{*} k_t^{*\alpha} \tag{3-8}$$

解一阶条件得 Euler - equation 如下：

$$E_t c_{t+1}^{-\sigma}\left(q_t - \frac{1}{R_{t+1}} q_{t+1} - \frac{1}{R_{t+1}} \alpha z_{t+1} k_{t+1}^{\alpha-1}\right) = 0 \tag{3-9}$$

当债务国出现负向冲击（Negative shock）时 z_t 下降，导致 q_t 下降（从 Euler - equation 得出），或者 q_t 的下降是由于全球性的资产价格下降导致的（如美国的次贷危机导致全球的资产价格遭受重挫）。

当 q_t 下降时，$\varphi q_t k_{t+1}^{*}$ 下降，债务国的抵押借贷约束（Collateral Borrowing Constraint）减值，由预算约束可知，债务国的 b_{t+1}^{*} 下降，利率上升，从而 q_{t+1} 下降，$\varphi q_{t+1} k_{t+2}^{*}$ 下降，借贷约束进一步收紧。而债权国持有的抵押资产逐渐减值，q_t 也会随之下降，导致危机从债务国传导向债权国。进一步发展，债权国拒绝为债务国的债务展期，债务国的 b_{t+1}^{*} 下降效果进一步被放大，从而使得债务国的消费 c_{t+1}^{*} 难以为继。如此循环发展，得出结论：当债务国出现一个 Negative shock 时，债务国会陷入“资产贬值—借贷约束收紧、难以偿债与再投资—资产进一步贬值”的恶性循环，同时债权国持有的抵押资产减值效果凸显，随后拒绝为债务展期，使得债务国的借贷约束进一步收紧，本国消费难以为继，最终的危机效果在债务国被放大数倍，这个效果在以往文献中可以归类为 Financial multiplier。

从这个简单模型可以解释图 3－1 所描述的现象。当危机从美国向全球其他国家传导时，资产价格下降成为一个普遍现象。资产减值的恶化效果，债务国首当其冲，但此时危机的效果还没有被放大。当债权国受全球趋势和债务国拖累，资产价格和持有的抵押资产价值都开始下降时，就开始收紧对债务国提供的流动性。根据本书的理论分析，此时危机的效果由于不断恶化的借贷约束循环而被成倍地扩大，所以虽然全球都受到 2008 年金融危机的冲击，债务国受到的实际冲击却是成倍于债权国所受冲击。

有趣的是，美国作为危机的发源地，而且是一个净贷款国，遭受的实际冲击却较小。本书认为，美国的特殊之处在于其货币——美元的国际储备地位。当没有其他国家愿意为其提供流动性时，美国自己能够为自己提供国际性的流动性，从而将危机的冲击效果降到较低水平。

二、贸易伙伴国模型

本书沿用 Stockman 和 Svensson（1987）经典的两国贸易模型，来探究贸易关系对于商业周期联动性以及危机传导的影响。

模型假设世界由两个国家组成，本国（home）和外国（foreign）。每个国家的消费者都符合 Infinite horizon 的假设。本国只专业生产一种产品 Y_1 ，外国只专业生产一种产品 Y_2 。为了简化起见，设 Y_1 和 Y_2 都可以既是最终消费品也可以是中间投入品，还可以是相互之间的中间投入品。

故产品 $i(i=1,2)$ 的产量 Y_{it} 为：

$$Y_{it}=C_{it}^{d}+C_{it}^{f}+X_{i1t}+X_{i2t} \tag{3-10}$$

其中，Y_{it} 是 t 时刻产品 i 的总产量，C_{it}^{d} 是本国消费，C_{it}^{f} 是外国消费，X_{ij} 是产品 i 投入到产品 j 生产中的投入量。为了引入动态效果，本书将本国消费者的效用函数和本国生产者的生产函数分别设定为：

$$U_{d}=U(C_{1t}^{d}+C_{2t}^{d}) \tag{3-11}$$

$$Y_{1,t+1}=f(X_{1,1t},X_{2,1t},\theta_{1,t+1}) \tag{3-12}$$

其中，$\theta_{1,t+1}$ 是本国可能遭受的一个生产率的冲击，与前文债权债务国模型中的 z_t 类似。在这个设定下，当期（$t+1$）生产取决于前一期留作投入品的两种产品产量 $X_{1,1t}$，$X_{2,1t}$ 和当期所受的生产率冲击 $\theta_{1,t+1}$。生产率冲击 $\theta_{1,t+1}$ 是一个随机过程。根据 Lucas（1982），在上述模型假设下，存在生产率冲击时引入 Arrow 证券（Arrow Security）可以使得两国消费者规避风险，达到均衡。因此，在随机的生产率冲击下，消费者的效用函数和预算约束（$t=0$，1，2…）变为如下的形式：

$$U_{d}=E_{0}\sum_{t=0}^{\infty}\beta^{t}U(C_{1t}^{d},C_{2t}^{d}) \tag{3-13}$$

$$z'_{t}(q_{t}+\delta_{t})=C_{1t}^{d}+p_{t}C_{2t}^{d}+z'_{t+1}q_{t} \tag{3-14}$$

其中，Arrow 状态证券可以由本国（Home：d）发行，也可以由外国（Foreign：f）发行。状态证券收益可以是给定时刻的产品 1 或产品 2 或者红利（dividend）。所以 Arrow 证券 z_t 向量与红利向量 δ_t 包含如下信息：

$$z'=(z_{11},z_{12},z_{21},z_{22},z^{d},d^{f})$$

$$\delta'=(-X_{11},-X_{12},-pX_{21},-pX_{22},Y_{1},pY_{2})$$

其中，产品 1 的价格已经标准化为 1。

对以上的最优化问题求一阶最优条件可得：

$$U_{1t}=\lambda_{t} \tag{3-15}$$

$$U_{2t}=\lambda_{t}p_{t} \tag{3-16}$$

$$\lambda_t q_{it} = \beta E[\lambda_{t+1}(q_{jt+1} + \delta_{jt+1})] \quad (3-17)$$

将最优条件代回本国（Home：d）原问题，重新针对 X_{11t} 和 X_{12t} 做无约束优化，可得：

$$E_t\beta(\lambda_{t+1} f_{11t+1} - \lambda_t) = 0$$

$$E_t\beta(\lambda_{t+1} f_{21t+1} - \lambda_t p_t) = 0 \quad (3-18)$$

其中，$f_{i1t+1} = \partial f / \partial X_{i1t+1}$

同理，对贸易伙伴国（Foreign：f），同样有如下的条件：

$$E_t\beta(\lambda_{t+1} p_t f_{12t+1} - \lambda_t) = 0$$

$$E_t\beta(\lambda_{t+1} p_t f_{22t+1} - \lambda_t p_t) = 0 \quad (3-19)$$

以上给出的式（3－15）至式（3－19）式，加上市场出清条件式（3－10），可以完全定义本书所要研究的贸易伙伴国（本国 d 和外国 f）之间的动态系统。在此系统下若生产率冲击 θ_{it} 是一个随机游走过程，X_{ijt} 应是一个鞅过程。这个鞅过程可以表示为如下的简单形式：

$$X_{jit} = m_{ji}(Y_{it}, Y_{2t}) \quad (3-20)$$

式（3－20）刻画了贸易伙伴国之间的贸易联系大小。如果贸易联系越强，则 m 函数的偏导数就越大。为了简化分析，本书将效用函数和生产函数都简化为线性可加的形式，以代替数值校准。最终得到的系统演化方程符合如下的向量自回归形式：

$$\left(\frac{y_{1t+1}}{y_{2t+1}}\right) = \left(\frac{c_1}{c_2}\right) + \begin{bmatrix} \alpha_{11} & \alpha_{21} \\ \alpha_{12} & \alpha_{22} \end{bmatrix}\left(\frac{y_{1t}}{y_{2t}}\right) + \left(\frac{u_{1t+1}}{u_{2t+1}}\right) \quad (3-21)$$

经过适当的简化，本书将原系统写为一个 VAR 系统，并由此可以分析贸易伙伴国之间的危机传导。由式（3－21）可得 dy_{it+1}/dy_{jt} 符号为正，因为系数矩阵中 α 值全为正数。也就是说当贸易伙伴国发生生产率的负向冲击，导致该国本期产量 y_{jt} 下降时，下一期本国的产量 y_{it+1} 也会下降。而且可以从数学上证明，如果式（3－20）的偏导数较大，$\frac{dy_{it+1}}{dy_{jt}} > 1$ 会成立。也就是说，当本国和贸易伙伴国之间贸易联系足够强时，任意一国遭受生产率负向冲击都将导致另一国承受数倍于原始危机效果的实际冲击。

类比前文所得出的 Financial Multiplier 的结论，本书将这种效果称为 Trade Multiplier。

第二节

理论分析综合结论

从本书的两个理论模型可以发现，不管是从金融渠道（债务债权国模型）传递还是从贸易渠道（贸易伙伴国模型），危机传导的模式都可以与现实中危机从美国向全球其他国家扩散的现象相吻合。而且危机在两个传导渠道下，每一次传导都有可能扩大负向冲击的效果。关于这种扩大效应，Bernanke et al.（1999）称其为金融加速器效应，Kiyotaki 和 Moore（1997）称其为借贷周期加速器效应，而本书把它当作一个乘数。这个乘数不仅可以与金融相关，也可以与贸易相关。在模型中两个国家受到同样危机冲击的条件下，乘数不同导致每个国家实际受到的负向影响大小和持续性不同。

所以主权债务危机在国与国之间的传导效果是非对称的（Asymmetric）。简而言之，如果一个国家的债务状况本来就较差，对于其他国家的贸易依赖又很强，那么危机在传导到该国时，负向冲击效果会被放大数倍，使该国也跟着陷入主权债务危机。

理论模型的分析结论具有很强的政策含义：每个国家都应当控制自身的财务状况，同时改善本国在世界产业链中的地位，避免因为自身的内力不足而难以抵挡危机冲击。

第四章　主权债务危机传导的实证研究

本章在主权经济分层结构的框架下，通过选取具有代表性的经济体和市场，对危机的层级传导机制进行实证研究。我们选取美国作为第一层级的代表，英国、德国、日本以及“欧猪五国”作为第二层级的代表，“金砖五国”作为第三层级的代表，对全球金融危机、美债和欧债危机期间，各经济体以及各市场的关联度进行实证回归，以危机期间关联度的变动来验证我们关于危机在各层之间的传导方向和途径的猜测。

对本章的结构概述如下：第一节通过引用 Engle（2002）的文献提出我们的实证模型，即 DCC－GARCH 模型，对该模型本身、模型的应用以及选取该模型的原因做出具体的介绍。第二节对选取的市场和数据进行回归分析。第三节总结欧债危机的金融市场传导机制。

第一节

传导机制研究的模型工具：DCC－GARCH

对市场关联度的实证研究的模型主要有两种：VAR（Vector Autoregressions）模型和 Engle（2002）提出的 DCC（Dynamic Conditional Correlation）模型及其扩展型。

一、广义异方差自回归模型（DCC－GARCH）

我们使用 DCC－GARCH 对全球金融危机和美欧主权债务危机期间的危机传导效应进行实证研究。首先，介绍模型的形式和应用。

广义异方差自回归模型（GARCH 模型）能够捕捉到收益率数据的重要特征，并且灵活运用于任一单个的资产。其一般的形式 GARCH（P，Q）为：

$$\sigma_t^2 = \omega + \sum_{p=1}^{P} \alpha_p r^2_{t-p} + \sum_{q=1}^{Q} \beta_q \sigma^2_{t-q} \tag{4-1}$$

其中，r_{t-p} 是该资产在 $t-p$ 时刻的收益率，σ^2_{t-q} 为资产在 $t-q$ 时刻的估计的收益率方差（波动率的平方），$\omega = \gamma \overline{\sigma^2}$，$\gamma$ 是系数，$\gamma + \sum_{p=1}^{P} \alpha_p + \sum_{q=1}^{Q} \beta_q = 1$，$\overline{\sigma^2}$ 是收益波动的长期均值，代表着波动率的均值回归特性。GARCH（P，Q）假设资产收益率 r_t 服从条件正态分布，均值为 0，方差为 σ^2_t。即：

$$r_t \mid F_{t-1} \sim N(0, \sigma^2_t) \tag{4-2}$$

其中，F_{t-1} 代表 $t-1$ 时刻及以前的收益信息。$E\left(r_t \mid F_{t-1}\right)^2 = \sigma^2{}_t$，故式（4－1）中右边第一项代表最新收益波动信息对预测的更新。我们将 GARCH 模型应用于某一资产，即可得到该资产动态的方差（或波动率）序列。

然而，通常投资者持有的是由多个资产构成的资产组合而不是单一的资产，此时，对资产组合风险影响较大的是各个资产之间的协方差（或相关系数），而不是资产各自的方差（或波动率）。Engle（2002）提出的 DCC－GARCH 模型可用来估计多个资产收益间的动态条件相关系数（Dynamic Conditional Correlation，DCC）。

类似上面一元 GARCH 模型，多元 GARCH 模型也假设 k 个资产的收益服从条件多元正态分布，均值为 0，动态协方差矩阵为 H_t，即：

$$r_t \mid F_{t-1} \sim N(0, H_t) \tag{4-3}$$

其中，r_t 为 k 个资产的收益率向量。进一步，可以将 H_t 进行分解，表示为 $H_t = D_t R_t D_t$，其中 D_t 是时变的 $k \times k$ 对角阵，其第 i 个对角元为第 i 个资产 t 时刻收益率的标准差（波动率），等于 $\sqrt{h_{ii,t}}$，即式（4－1）中的 σ_t，R_t 是时变的相关系数矩阵。则该多元模型的对数似然函数可以表示为：

$$\begin{aligned} L &= -\frac{1}{2}\sum_{t=1}^{T}\left(k\log(2\pi) + \log(\left|H_t\right|) + r'_t H^{-1}{}_t r_t\right) \\ &= -\frac{1}{2}\sum_{t=1}^{T}\left(k\log(2\pi) + \log(\left|D_t R_t D_t\right|) + r'_t D^{-1}{}_t R^{-1}{}_t D^{-1}{}_t r_t\right) \\ &= -\frac{1}{2}\sum_{t=1}^{T}\left(k\log(2\pi) + 2\log(\left|D_t\right|) + \log(\left|R_t\right|) + \varepsilon'_t R^{-1}{}_t \varepsilon_t\right) \end{aligned} \tag{4-4}$$

其中，$\varepsilon_t = D^{-1}{}_t r_t$ 表示的是资产收益被收益波动率标准化之后的结果，$\varepsilon_t \sim N(0, R_t)$。从式（4－4）可以看出，在每个资产收益的波动率 D_t 已知的情况下，ε_t 作为观察样本，求参数 R_t 的似然函数和一元模型的似然函数形式是一样的，DCC－GARCH（P，Q）模型为：

$$G_t = (1 - \sum_{p=1}^{P}\alpha_p - \sum_{q=1}^{Q}\beta_q)\bar{G} + \sum_{p=1}^{P}\alpha_p(\varepsilon_t \varepsilon'_{t-p}) + \sum_{q=1}^{Q}\beta_q G_{t-q} \quad (4-5)$$

$$R_t = G^{*-1}{}_t G_t G^{*-1}{}_t$$

与式（4－1）中GARCH（P，Q）模型稍有不同的是，这里相关系数的长期均值是ε_t（在估计出D_t后对r_t进行标准化）的协方差矩阵的均值。其中：

$$G^*{}_t = \begin{bmatrix} \sqrt{g_{11,t}} & \cdots & 0 \\ \vdots & \ddots & \vdots \\ 0 & \cdots & \sqrt{g_{kk,t}} \end{bmatrix} \quad (4-6)$$

$G^*{}_t$为对角阵，对角元为G_t相应对角元的开方，根据模型，相关系数矩阵R_t中的i，j元为$\rho_{ij,t} = \dfrac{g_{ij,t}}{\sqrt{g_{ii,t}g_{jj,t}}}$。

由上面DCC－GARCH模型的设计我们可以看出，其估计分为两个阶段。在第一个阶段，我们用所有单个资产收益的残差序列（金融资产收益率的均值通常为0，残差为本身）来估计单个GARCH模型。在第二个阶段，我们用估计得到的时变波动率（收益率的标准差）对残差序列进行标准化，然后再估计DCC－GARCH中的参数。实际应用中，通常DCC－GARCH（P，Q）中的参数（P，Q）设为（1，1）就能满足研究需求，（P，Q）过大在带来复杂性的同时并不会显著地提高模型精度。本书使用的是DCC－GARCH（1，1）模型。

通过以上方法得到的动态条件相关系数（DCC）解决了资产间的相关性随时间变化的问题，因而能够更准确地测算出资产组合的条件波动率，估算资产组合的风险。

二、Engle（2002）多变量、多维度的大型检验系统

接下来，我们通过引述Engle（2002），来系统性地阐释DCC－

GARCH 模型对研究金融变量相关性和波动率的适用性和优势。

对于金融变量的时间序列的很多研究来说，相关性都是重要的因素。比如说，对冲需要估计对冲中资产回报率之间的相关性。如果相关性和波动率变化，对冲比率应该即时调整来反映最新的信息。类似地，像彩虹期权这种有一种以上基础资产的结构性产品的定价，对于基础资产回报率之间的相关性也十分敏感。对于未来相关性和波动率的预测是任何定价公式的基础。

寻求金融变量间相关性的可靠估值一直是无数的学术界报告和实务界研究的动机。更加复杂的方法，如多变量广义自回归条件异方差（GARCH）模型或随机波动的变量，在计量经济模型中也被广泛研究，并被一些富有经验的研究者使用。在大多数研究案例中，大型模型的参数数量对于简单的最优化来说太大。

针对实务领域简单模型精确性不足，而复杂模型应用性不强的问题，Engle（2002）推荐使用动态条件相关性（DCC）估计。这种估计方法拥有单变量 GARCH 的灵活性，但是没有传统的多变量 GARCH 的复杂性。DCC 模型将条件相关性直接参数化，用两步来估计模型，即一系列单一变量 GARCH 估计值和相关性估计。对于多变量 GARCH 来说，这种方法拥有很明显的计算上的优势。因为在相关过程中需要估计的参数量独立于需要用以做相关估计的时间序列的量。所以大型的相关性矩阵可以较容易地被计算出来。这种新的多变量 GARCH 估计的方法，可以被看作是波勒斯勒夫（1990 年）的稳定条件相关性（CCC）估值的一种一般化。同时，Engle（2002）对多种方法估计的相关性的准确度在双变量设置形式中进行比较，以验证 DCC 模型的可靠性和优势。

在知道真实相关性结构的情况下，他比较了几种相关性估值模型。对一个双变量 GARCH 模型用 1000 个观测值做了 200 次模拟，或者每一个相关过程用了大约四年的日数据。对 DCC 模型和另外的相关性估计方法，就采用简单的数据吻合度、多变量 GARCH 诊断检验和风险值检验来进行比较。

八种不同的模型被用来做相关性估计比较——两个多变量 GARCH 模型、垂直 GARCH 模型、两个完整的 DCC 模型和一个均值回归 DCC 外加从风险矩阵和常见的 100 天移动平均指数平滑。

这些相关性估计的实证检验数据用到了几组序列。首先，检验了道琼斯工业指数和纳斯达克的相关性，使用到 2000 年 3 月的 10 年之前的日数据进行检验。其次，实证检验了股票和债券之间的日数据相关性，即资产配置模型的中心特点。最后，检验了关于包括欧元的引入等主要历史事件相关的几种货币回报率的日数据相关性。这些数据都被用来估计前文提到的所有的模型。

使用了三种表现衡量方法：第一种是简单的通过绝对平均误差的方法将估计相关性与真实相关性进行比较。当然，绝对平均误差值越小越好。第二种是标准残值平方的自相关检验。第三种是对估计量的估值计算风险价值。

对这些模型的实证结果的表现进行评估，可以发现 DCC 方法即使不是最好的，也是接近最好的方法。

对这个结论可以从另一个侧面进行验证。一个简单的方法是运用不同的随机数列来重复实验，使整个蒙特卡洛模拟再重复两次。验证的结论和原结论非常相近。只有一次变化使得两个完整的 DCC 模型的评估优劣排名产生了互换，不过这无关紧要。

实证比较的结论也表明，真实数据毫无疑问地比任何模型都更复杂。对于复杂的真实数据，DCC 模型比其他模型更有竞争力，因为其他模型很难推广到多维度的大型检验系统中。这种模型只需从每个方程中的单变量 GARCH 模型进行两步估计。同时，Engle（2002）也很明确地指出该模型的优势，并找出那些可以潜在估计大型协方差矩阵的指标。他指出，只有通过估计双变量系统才能检验更简单结构的模型准确度，同时适用于更大型的系统。而 DCC 模型的理想实际特点就是多变量和单变量波动率的预测彼此一致。当新的变量被加入系统中时，对于原始资产的波动性和相关性的预测将保持不变。

Engle（2002）最后总结，这一模型的双变量版本为不同的随时间变化的相关过程提供了良好的模拟。DCC 与简单的多变量 GARCH 模型和几种其他的估计量的比较表明了 DCC 通常是最准确的。不论标准是绝对平均误差、诊断检测，还是基于计算风险价值的测试，结论都是如此。

通过引述 Engle（2002），我们对一个新的多变量 GARCH 模型——DCC 模型有了系统的理解。同时，我们也对该模型和其他模型比较的优势做出了详细的阐释。简而言之，DCC 模型在不改变条件相关性和波动率估计的准确程度的基础上，能适用于更复杂的多变量、多维度的大型检验系统。这使得我们通过使用该模型对危机的传导效应做出的实证研究，能够很好地揭示不同层级市场之间相关性和波动率在危机期间的变化，以准确地反映可能存在的危机传导效应。

第二节

欧债危机向新兴市场国家传导的实证分析

一、欧债危机向新兴市场国家传导——动态条件相关性

在新兴经济体渴望成为真正的现代发达国家之际，这些国家所面临的一个主要挑战就是解决对于成熟经济体的过度依赖。自我依靠的进程通常通过检验各类指标来进行，包括宏观经济一体化、股票市场相关性以及商业周期同步性等。最近的全球经济危机和正在发生的欧元区动荡再一次激起了研究者和政策制定者调查新兴市场自我依赖以及脱钩潜力的兴趣（Kose，Christopher and Prasad，2012）。近期的《全球竞争力报告（2012—2013）》承认这些危机对于新兴市场国家的影响。另外，由于美国和陷入问题的欧洲国家的恢复如此无力，发展中经济体吸引了监管者和投资人的广泛关注，学者们也热衷于检测这些市场与发达国家之间的动态关系。在这种形势下，很多研究在努力探寻发展中国家和发达国家市场尤其是最脆弱的欧洲五国 GIPSI（希腊、爱尔兰、葡萄牙、西班牙和意大利）之间股票市场的相关性。对于新兴市场国家，可以采用 BRIICKS 来表示投资和投资组合分散的中心，有时也被认为是世界上一种单一同质金融资产类别。BRIICKS 包括 7 个国家，即巴西、俄罗斯、印度、印度尼西亚、中国、韩国和南非。BRIICKS 的最初版本“BRIC”（金砖四国）由高盛提出，直到 2010 年

其内涵被延展到包括印度尼西亚和韩国（详见世界银行 2011 年《全球发展水平线》），2011 年，南非也被囊括进去。因此，我们对于包括了被排除在金砖国家以外两个国家的 BRIICKS 进行了实证分析，是因为这两个国家拥有强劲的经济及其与其他新兴市场之间的贸易联系。考虑到跨国最优资产组合分配和风险管理，对于跨市场相关性的研究很重要。在文献中，有多个研究都检验了随时间而变的跨国市场之间的相关性，尤其是一经济体由于受到邻国或距离很远的国家引起的冲击而完全陷入了经济下行的轨道（Marçal，Pereira，Martin and Nakamura，2011；Samarakoon，2011）。

对于金融传染迅速发展的文献表明，被危机所袭的国家股票市场通常表现出更高程度的相互依赖性，这也导致了短期内市场间金融冲击的迅速传播。危机期间股票回报率相关性的显著上升，通常被定义为一国向其他国家的金融冲击扩散（Dooley & Hutchison，2009；Syllignakis & Kouretas，2011 etc）。因为它对于全球经济有破坏性影响。尤其是在战略资产配置、货币和财政政策制定，以及资产定价和金融风险管理方面（Kaminsky Reinhardt，1999；Forbes Rigobon，2002；Longstaff，2010）。

为此，本书着眼于欧元区的主权债务危机。通过将 GIPSI 国家看作是和美国一样的传染源，来检验 BRIICKS 的金融传染。目的在于重新确认 BRIICKS 的传染证据。本书的研究不包括美国次贷危机以及更早的危机，因为这些事件已经被大量研究过了，而是把次贷危机放在欧债危机的背景下，观察欧洲与新兴市场国家的股票、国债和外汇市场的传导过程。

欧元区危机通常被认为是美国次贷危机的副产物，这归因于美国次贷危机对于欧元区经济体尤其是 GIPSI 国家的严重传染性影响，导致了投资者信心前所未有的崩溃。源于希腊的传染扩散是因为 2009 年末其主权债违约的强烈可能其迅速传导致整个欧洲以及全球的其他国家（Tamakoshi & Hamori，2013）。值得指出的是，虽然 GIPSI 国家的危机是主权债务风险的结果，并非完全源自股票市场，但是这种风险的扩散主要体现为受影响国家强烈和持续的股市下行。所以，我们可以通过分析 GIPSI 国家和金砖国家股票市场之间的动态条件相关性来检验传染效应，从而验证我们对于第二和第三层级的经济体及其产生危机的传导机制。

二、欧债危机向新兴市场国家股票市场传导——三个时间段

本书用 12 个国家的股票市场指数代表相应国家的股票市场收益情况，其中包括 5 个欧洲国家（希腊、爱尔兰、葡萄牙、西班牙和意大利）以及 7 个新兴市场国家（巴西、俄罗斯、印度、印度尼西亚、中国、南非和韩国）。所选用股票市场指数如表 4－1 所示。

表 4－1　股票市场指数

	国家	指数
金砖国家	巴西	IBOV
	俄罗斯	INDEXCF
	印度	SENSEX
	印度尼西亚	JCI
	中国	SHCOMP
	南非	JALSH
	韩国	KOSPI
欧猪五国	希腊	ASE
	爱尔兰	ISEQ
	葡萄牙	PS120
	西班牙	IBEX
	意大利	FTSEMIB

资料来源：Bloomberg 数据库

为了研究危机的传导机制，我们将 1999 年 1 月至 2014 年 4 月划

分为三个时间段，以进行比较分析。危机包括美国的次贷危机和欧债危机。具体划分情况如表 4－2 所示。

表 4－2　三个时间段的样本划分

危机前	危机中	危机后
1999 年 1 月至 2007 年 2 月	2007 年 2 月至 2012 年 1 月	2012 年 1 月至 2014 年 4 月

我们针对三个时间阶段的样本，分别建立 AR、DCC－GARCH 模型，来具体考察欧债国家股票市场收益情况对新兴市场国家股票市场收益率的解释能力和市场相关性。表 4－3、表 4－4 和表 4－5 分别为危机前、危机中和危机后新兴市场国家股票市场收益率的 AR 模型结果，表 4－6 为危机前、危机中、危机后欧洲债务危机国家股票市场与新兴市场国家股票市场相关系数值。

根据该结果，我们的主要结论如下：

表 4－3　危机前新兴市场国家股市收益率的 AR 模型

Greece	Mu	gamma1	gamma2	Ireland	mu	gamma1	gamma2
Brazil	0.000	0.089	0.066	Brazil	0.000	0.096	－0.014
t－value	0.313	3.424	1.607	t－value	0.304	3.643	－0.240
Russia	0.001	0.045	－0.057	Russia	0.001	0.044	－0.054
t－value	1.597	1.711	－1.392	t－value	1.609	1.658	－0.936
India	0.000	0.056	0.038	India	0.000	0.057	0.051
t－value	0.599	2.108	1.408	t－value	0.585	2.184	1.348
Indonesia	0.000	0.095	－0.009	Indonesia	0.000	0.090	0.045
t－value	0.858	3.659	－0.257	t－value	0.861	3.410	0.938
China	0.000	0.031	0.020	China	0.000	0.031	0.006
t－vlaue	0.941	1.196	0.840	t－value	0.936	1.197	0.180
South Africa	0.000	－0.001	－0.006	South Africa	0.000	－0.013	0.028
t－value	0.969	－0.039	－0.224	t－value	0.978	－0.445	0.732
South Korea	0.000	0.020	0.027	South Korea	0.000	0.013	0.090
t－value	0.505	0.754	0.770	t－value	0.497	0.489	1.783

续表

Spain	mu	gamma1	gamma2	Portugal	mu	gamma1	gamma2
Brazil	0. 000	0. 096	-0. 007	Brazil	0. 000	0. 086	0. 087
t - value	0. 301	3. 466	-0. 138	t - value	0. 318	3. 128	1. 401
Russia	0. 001	0. 025	0. 120	Russia	0. 001	0. 039	0. 008
t - value	1. 665	0. 931	2. 499	t - value	1. 613	1. 478	0. 130
India	0. 000	0. 039	0. 154	India	0. 000	0. 048	0. 145
t - value	0. 664	1. 498	4. 952	t - value	0. 629	1. 821	3. 662
Indonesia	0. 000	0. 085	0. 109	Indonesia	0. 000	0. 091	0. 046
t - value	0. 903	3. 291	2. 799	t - value	0. 871	3. 502	0. 914
China	0. 000	0. 031	0. 045	China	0. 000	0. 032	0. 027
t - value	0. 955	1. 204	1. 585	t - value	0. 943	1. 216	0. 760
South Africa	0. 000	-0. 068	0. 138	South Africa	0. 000	-0. 032	0. 105
t - value	1. 097	-2. 273	4. 308	t - value	1. 027	-1. 160	2. 762
South Korea	0. 000	-0. 022	0. 314	South Korea	0. 000	0. 010	0. 151
t - value	0. 623	-0. 833	7. 726	t - value	0. 531	0. 363	2. 893
Italy	**mu**	**gamma1**	**gamma2**				
Brazil	0. 000	0. 098	-0. 016				
t - value	0. 295	3. 545	-0. 290				
Russia	0. 001	0. 025	0. 130				
t - value	1. 697	0. 960	2. 567				
India	0. 000	0. 043	0. 142				
t - value	0. 704	1. 655	4. 262				
Indonesia	0. 000	0. 089	0. 082				
t - value	0. 913	3. 425	1. 981				
China	0. 000	0. 032	0. 046				
t - value	0. 973	1. 223	1. 532				
South Africa	0. 000	-0. 062	0. 134				
t - value	1. 140	-2. 074	3. 936				
South Korea	0. 000	-0. 017	0. 333				
t - value	0. 715	-0. 650	7. 726				

表 4－4　危机中新兴市场国家股市收益率的 AR 模型

Greece	mu	gamma1	gamma2	Ireland	mu	gamma1	gamma2
Brazil	－0. 001	－0. 020	0. 065	Brazil	－0. 001	0. 022	－0. 030
t－value	－0. 623	－0. 519	1. 446	t－value	－0. 787	0. 537	－0. 587
Russia	－0. 001	－0. 047	0. 096	Russia	－0. 001	－0. 068	0. 140
t－value	－0. 948	－1. 133	1. 778	t－value	－0. 956	－1. 584	2. 412
India	－0. 001	－0. 010	0. 116	India	－0. 001	－0. 025	0. 154
t－value	－0. 710	－0. 269	3. 388	t－value	－0. 718	－0. 687	4. 295
Indonesia	0. 000	－0. 008	0. 141	Indonesia	0. 000	－0. 021	0. 155
t－value	0. 682	－0. 228	4. 505	t－value	0. 628	－0. 577	4. 617
China	0. 000	－0. 015	0. 099	China	0. 000	－0. 008	0. 113
t－value	0. 339	－0. 445	3. 422	t－value	0. 306	－0. 229	3. 795
South Africa	0. 000	0. 064	－0. 030	South Africa	0. 000	0. 061	－0. 024
t－value	－0. 600	1. 480	－0. 689	t－value	－0. 572	1. 271	－0. 467
South Korea	－0. 001	－0. 051	0. 140	South Korea	－0. 001	－0. 079	0. 213
t－value	－1. 178	－1. 389	3. 820	t－value	－1. 162	－2. 171	5. 599
Spain	**mu**	**gamma1**	**gamma2**	**Portugal**	**mu**	**gamma1**	**gamma2**
Brazil	－0. 001	0. 005	0. 004	Brazil	0. 00	0. 01	0. 00
t－value	－0. 746	0. 118	0. 077	t－value	－0. 75	0. 20	－0. 40
Russia	－0. 001	－0. 036	0. 074	Russia	0. 00	－0. 04	0. 10
t－value	－1. 071	－0. 837	1. 230	t－value	－1. 03	－0. 99	1. 47
India	－0. 001	－0. 017	0. 144	India	0. 00	－0. 01	0. 15
t－value	－0. 884	－0. 456	3. 918	t－value	－0. 82	－0. 32	3. 47
Indonesia	0. 000	－0. 024	0. 183	Indonesia	0. 00	－0. 03	0. 22
t－value	0. 493	－0. 682	5. 428	t－value	0. 61	－0. 90	5. 57
China	0. 000	－0. 011	0. 114	China	0. 00	－0. 02	0. 16
t－value	0. 179	－0. 319	3. 701	t－value	0. 28	－0. 55	4. 32
South Africa	0. 000	0. 066	－0. 030	South Africa	0. 00	0. 08	－0. 07
t－value	－0. 555	1. 279	－0. 538	t－value	－0. 60	1. 68	－1. 04
South Korea	－0. 001	－0. 078	0. 214	South Korea	0. 00	－0. 08	0. 24
t－value	－1. 371	－2. 145	5. 452	t－value	－1. 27	－2. 10	5. 23

续表

Italy	mu	gamma1	gamma2
Brazil	-0.001	0.003	0.009
t-value	-0.735	0.057	0.168
Russia	-0.001	-0.041	0.080
t-value	-1.016	-0.931	1.320
India	-0.001	-0.023	0.148
t-value	-0.742	-0.632	4.130
Indonesia	0.001	-0.039	0.206
t-value	0.740	-1.094	6.321
Chian	0.000	-0.015	0.118
t-value	0.309	-.0441	3.973
South Africa	0.000	0.086	-0.055
t-value	-0.618	1.616	-0.985
South Korea	-0.001	-0.084	0.214
t-value	-1.183	-2.288	5.621

表4-5　危机后新兴市场国家股市收益率的AR模型

Greece	mu	gamma1	gamma2	Ireland	mu	gamma1	gamma2
Brazil	-0.001	0.028	-0.003	Brazil	-0.001	0.027	-0.001
t-value	-1.214	0.552	-0.082	t-value	-1.208	0.492	-0.015
Russia	0.000	0.031	-0.021	Russia	0.000	0.041	-0.043
t-value	-0.588	0.597	-0.633	t-value	-0.539	0.663	-0.526
India	0.000	0.027	0.018	India	0.000	0.026	0.023
t-value	0.438	0.551	0.533	t-value	0.423	0.486	0.314
Indonesia	0.000	0.132	0.029	Indonesia	0.000	0.116	0.125
t-value	0.036	2.653	0.972	t-value	-0.109	2.319	2.062
China	0.000	-0.039	0.006	China	0.000	-0.055	0.094
t-value	-0.296	-0.799	0.260	t-value	-0.453	-1.107	1.962
South Africa	0.000	-0.059	0.021	South Africa	0.000	-0.092	0.078
t-value	0.527	-1.143	0.714	t-value	0.449	-1.393	1.006
South Korea	0.001	-0.031	0.028	South Korea	0.000	-0.110	0.238
t-value	1.221	-0.606	1.185	t-value	0.952	-2.135	4.922

续表

Spain	mu	gamma1	gamma2
Brazil	-0. 001	0. 030	-0. 006
t - value	-1. 213	0. 532	-0. 106
Russia	0. 000	0. 028	-0. 011
t - value	-0. 603	0. 477	-0. 217
India	0. 000	0. 026	0. 014
t - value	0. 449	0. 491	0. 318
Indonesia	0. 000	0. 121	0. 066
t - value	0. 046	2. 431	1. 725
China	0. 000	-0. 047	0. 0383
t - value	-0. 303	-0. 954	1. 249
South Africa	0. 000	-0. 042	-0. 007
t - value	0. 539	-0. 686	-0. 149
South Korea	0. 001	-0. 122	0. 178
t - value	1. 359	-2. 422	5. 942

Portugal	mu	gamma1	gamma2
Brazil	-0. 001	0. 045	-0. 050
t - value	-1. 188	0. 824	-0. 757
Russia	0. 000	0. 030	-0. 016
t - value	-0. 601	0. 502	-0. 263
India	0. 000	0. 045	-0. 031
t - value	0. 450	0. 839	-0. 558
Indonesia	0. 000	0. 114	0. 095
t - value	0. 042	2. 275	31. 974
China	0. 000	-0. 053	0. 055
t - value	-0. 308	-1. 065	1. 430
South Africa	0. 000	-0. 041	-0. 010
t - value	0. 539	-0. 683	-0. 184
South Korea	0. 001	-0. 128	0. 212
t - value	1. 355	-2. 492	5. 558

Italy	mu	gamma1	gamma2
Brazil	-0. 001	0. 032	-0. 011
t - value	-1. 206	5. 574	-0. 199
Russia	0. 000	0. 069	-0. 065
t - value	-0. 551	1. 129	-1. 313
India	0. 000	0. 026	0. 014
t - value	0. 445	0. 495	0. 308
Indonesia	0. 000	0. 109	0. 100
t - value	0. 012	2. 207	2. 714
China	0. 000	-0. 050	0. 040
t - value	-0. 318	-1. 018	1. 347
South Africa	0. 000	-0. 028	-0. 021
t - value	0. 542	-0. 433	-0. 459
South Korea	0. 001	-0. 118	0. 170
t - value	1. 295	-2. 348	5. 825

表 4－6　相关系数

		before	during	after
Greece	Brazil	0. 147	0. 484	0. 226
	Russia	0. 192	0. 598	0. 277
	India	0. 199	0. 463	0. 218
	Indonesia	0. 162	0. 379	0. 212
	China	0. 018	0. 229	0. 076
	South Africa	0. 372	0. 610	0. 307
	South Korea	0. 243	0. 440	0. 289
Ireland	Brazil	0. 179	0. 576	0. 459
	Russia	0. 181	0. 627	0. 586
	India	0. 126	0. 452	0. 446
	Indonesia	0. 203	0. 391	0. 275
	China	0. 004	0. 131	0. 164
	South Africa	0. 423	0. 710	0. 673
	South Korea	0. 238	0. 424	0. 389
		before	during	after
Portugal	Brazil	0. 232	0. 613	0. 427
	Russia	0. 134	0. 627	0. 547
	India	0. 148	0. 464	0. 428
	Indonesia	0. 140	0. 379	0. 284
	China	－0. 008	0. 189	0. 200
	South Africa	0. 378	0. 703	0. 577
	South Korea	0. 198	0. 407	0. 395
Spain	Brazil	0. 354	0. 647	0. 467
	Russia	0. 216	0. 643	0. 515
	India	0. 177	0. 455	0. 428
	Indonesia	0. 142	0. 361	0. 258
	China	0. 002	0. 175	0. 119
	South Africa	0. 510	0. 749	0. 599
	South Korea	0. 247	0. 402	0. 371

续表

		before	during	after
Italy	Brazil	0. 328	0. 644	0. 496
	Russia	0. 197	0. 668	0. 552
	India	0. 156	0. 476	0. 422
	Indonesia	0. 122	0. 382	0. 268
	China	-0. 013	0. 203	0. 175
	South Africa	0. 485	0. 761	0. 649
	South Korea	0. 223	0. 427	0. 373

（一）AR 模型

在对各个新兴市场国家的股市收益率建立的 AR 模型中，gamma1 为相应该新兴市场滞后一期的收益率系数，gamma2 为相应欧洲债务危机国家滞后一期的收益率系数。表格中有阴影的数值表示该 T 检验结果显著，说明对应债务危机国家的股市收益率对该新兴市场国家股市收益率有显著影响和解释作用。我们可以发现，在欧债危机前的一段平稳期，只有西班牙、葡萄牙和意大利对部分新兴市场国家的股市收益有解释作用，但是在危机中，希腊、爱尔兰、西班牙、葡萄牙和意大利五个债务危机国家均对新兴市场股市收益率有解释作用。说明了债务危机中这五个国家对新兴市场国家股市表现的影响加强。在危机后的一段时间里，5 个债务危机国家对新兴市场国家股市的影响力再度减弱，同时与危机前相比，西班牙、葡萄牙和意大利对新兴市场的影响减弱（影响的新兴市场国家数目减少），爱尔兰对新兴市场国家影响加强。

（二）DCC - GARCH 模型

表 4 - 6 中展示了三个时期 GIPSI 与 BRIICKS 的平均相关性水平。

首先，所有新兴市场国家与欧债危机国家的股票市场相关性都是正的，同时危机前和危机后相关性水平相对较低，危机中相关性水平都有显著的提高。

其次，新兴市场国家按相关性水平可以划分为三个层级。巴西、俄罗斯、南非为第一层级，债务危机国家在危机中与这三个国家股票市场之间的相关性很高（普遍高于0.5），市场危机传导效应比较明显。印度、印度尼西亚、韩国为第二层级，债务危机国家在危机中与这三个国家股票市场间的相关系数保持在0.3~0.5，危机传导效应相对较弱。中国为第三层级，危机中与债务危机国家相关系数值依旧维持在0.2左右的低位，危机传导效应在新兴市场国家中最弱。

再次，从国家细分角度来看：

（1）巴西：西班牙与巴西之间的市场相关性最高，其次为意大利和葡萄牙，所以对于巴西而言，危机传导路径应该主要是这三个国家股票市场。

（2）俄罗斯：意大利与俄罗斯之间的市场相关性最强，其次为西班牙，葡萄牙和爱尔兰，所以危机向俄罗斯市场传导媒介主要为这四个国家。

（3）印度：意大利与印度之间的市场相关性最强，其余欧债危机四国与印度之间的相关性水平接近，危机主要通过意大利传导。

（4）印度尼西亚：意大利与印度尼西亚之间的股票市场相关性最强，其次为爱尔兰，因此欧债危机主要通过意大利、爱尔兰市场向印度尼西亚传导。

（5）中国：整体与欧债危机国家间相关性较弱，相对而言，希腊与中国间的股票市场相关性在5个国家中最高，所以危机向中国的传导媒介主要为希腊。

（6）南非：意大利与南非之间的股票市场相关性最高，其次为西班牙，因此对于南非而言，危机传导路径主要为意大利和西班牙。

（7）韩国：希腊与韩国之间的股票市场相关性最高，其次为意大利，因此危机向韩国传导的主要媒介为希腊和意大利市场。

最后，通过上面的分析可以发现，意大利、西班牙、爱尔兰是危机向新兴市场传导的主要路径媒介，尽管希腊是与中国和韩国相关性最高的国家，但实际上相关性的绝对水平比较低，传导效应不明显，因此希腊债务危机对新兴市场国家的影响被部分夸大。

三、欧债危机向新兴市场国家股票市场传导——四个时间段

为了研究区分次贷危机和欧债危机的传导机制，我们进一步将1999年1月至2014年4月划分为四个时间段，以进行比较分析，具体划分情况如表4－7所示。

表4－7　四个时间段的样本划分

危机前	次贷危机中	欧债危机中	危机后
1999年1月至 2007年2月	2007年2月至 2009年9月	2009年9月至 2012年1月	2012年1月至 2014年4月

针对四个时间阶段的样本分别建立AR－DCC－GARCH模型来具体考察欧债国家股票市场收益情况对新兴市场国家股票市场收益率的解释能力和市场相关性。表4－8～表4－11分别为危机前中后新兴市场国家股票市场收益率的AR模型结果，表4－12为欧洲债务危机国家股票市场与新兴市场国家股票市场相关系数值。

根据该结果，笔者的主要结论如下：

表 4-8　危机前新兴市场国家股市收益率的 AR 模型

Greece	mu	gamma1	gamma2	Ireland	mu	gamma1	gamma2
Brazil	0.000	0.089	0.066	Brazil	0.000	0.096	-0.014
t-value	0.313	3.424	1.607	t-value	0.304	3.643	-0.240
Russia	0.001	0.045	-0.057	Russia	0.001	0.044	-0.054
t-value	1.597	1.711	-1.392	t-value	1.609	1.658	-0.936
India	0.000	0.056	0.038	India	0.000	0.057	0.051
t-value	0.599	2.108	1.408	t-value	0.585	2.184	1.348
Indonesia	0.000	0.095	-0.009	Indonesia	0.000	0.090	0.045
t-value	0.858	3.659	-0.257	t-value	0.861	3.410	0.938
China	0.000	0.031	0.020	China	0.000	0.031	0.006
t-value	0.941	1.196	0.840	t-value	0.936	1.197	0.180
South Africa	0.000	-0.001	-0.006	South Africa	0.000	-0.013	0.028
t-value	0.969	-0.039	-0.224	t-value	0.978	-0.445	0.732
South Korea	0.000	0.020	0.027	South Korea	0.000	0.013	0.090
t-value	0.505	0.754	0.770	t-value	0.497	0.489	1.783
Brazil	0.000	0.096	-0.007	Brazil	0.000	0.086	0.087
t-value	0.301	3.466	-0.138	t-value	0.318	3.218	1.401
Spain	**mu**	**gamma1**	**gamma2**	**Portugal**	**mu**	**gamma1**	**gamma2**
Russia	0.001	0.025	0.120	Russia	0.001	0.039	0.008
t-value	1.665	0.931	2.499	t-value	1.613	1.478	0.130
India	0.000	0.039	0.154	India	0.000	0.048	0.145
t-value	0.664	1.498	4.952	t-value	0.629	1.821	3.662
Indonesia	0.000	0.085	0.109	Indonesia	0.000	0.091	0.046
t-value	0.903	3.291	2.799	t-value	0.871	3.502	0.914
China	0.000	0.031	0.045	China	0.000	0.032	0.027
t-value	0.955	1.204	1.585	t-value	0.943	1.216	0.760
South Africa	0.000	-0.068	0.138	South Africa	0.000	-0.032	0.105
t-value	1.097	-2.273	4.308	t-value	1.027	-1.160	2.762
South Korea	0.000	-0.022	0.314	South Korea	0.000	0.010	0.151
t-value	0.623	-0.833	7.726	t-value	0.531	0.363	2.893

续表

Italy	mu	gamma1	gamma2
Brazil	0.000	0.098	-0.016
t-value	0.295	3.545	-0.290
Russia	0.001	0.025	0.130
t-value	1.697	0.960	2.567
India	0.000	0.043	0.142
t-value	0.704	1.655	4.262
Indonesia	0.000	0.089	0.082
t-value	0.913	3.425	1.981
China	0.000	0.032	0.046
t-value	0.973	1.223	1.532
South Africa	0.000	-0.062	0.134
t-value	1.140	-2.074	3.936
South Korea	0.000	-0.017	0.333
t-value	0.715	-0.650	7.726

表4-9 次贷危机中新兴市场国家股市收益率的AR模型

Greece	mu	gamma1	gamma2	Ireland	mu	gamma1	gamma2
Brazil	0.000	-0.051	0.097	Brazil	0.000	0.007	-0.052
t-value	0.017	-0.979	1.263	t-value	-0.112	0.133	-0.719
Russia	-0.001	-0.114	0.214	Russia	-0.001	-0.087	0.159
t-value	-0.710	-1.848	2.156	t-value	-0.663	-1.574	1.965
India	0.000	-0.048	0.219	India	0.000	-0.024	0.175
t-value	0.048	-0.935	3.661	t-value	0.108	-0.489	3.400
Indonesia	0.000	-0.013	0.221	Indonesia	0.000	0.018	0.128
t-value	0.051	-0.262	4.251	t-value	0.039	0.375	2.684
China	0.001	-0.002	0.120	China	0.001	0.011	0.096
t-value	0.950	-0.048	2.511	t-value	0.971	0.244	2.269
South Africa	0.0000	0.045	-0.001	South Africa	0.000	0.078	-0.052
t-value	-0.022	0.678	-0.017	t-value	-0.095	1.254	-0.768
South Korea	-0.001	-0.075	0.172	South Korea	-0.001	-0.057	0.136
t-value	-1.177	-1.468	2.834	t-value	-1.110	-1.162	2.606

续表

Spain	mu	gamma1	gamma2	Portugal	mu	gamma1	gamma2
Brazil	0.000	-0.016	0.001	Brazil	0.000	0.000	-0.042
t-value	-0.053	-0.264	0.012	t-value	-0.062	0.003	-0.403
Russia	-0.001	-0.074	0.131	Russia	-0.001	-0.071	0.144
t-value	-0.805	-1.234	1.302	t-value	-0.789	-1.195	1.263
India	0.000	-0.031	0.209	India	0.000	-0.020	0.205
t-value	-0.117	-0.629	3.486	t-value	-0.091	-0.403	2.933
Indonesia	0.000	-0.003	0.198	Indonesia	0.000	-0.005	0.221
t-value	-0.134	-0.071	3.630	t-value	-0.101	-0.100	3.444
China	0.001	0.009	0.104	China	0.001	0.002	0.137
t-value	0.839	0.195	2.115	t-value	0.870	0.045	2.411
South Africa	0.000	0.084	-0.061	South Africa	0.000	0.117	-0.138
t-value	-0.032	1.111	-0.645	t-value	-0.061	1.721	-1.404
South Korea	-0.002	-0.055	0.133	South Korea	-0.002	-.053	0.146
t-value	-1.282	-1.084	2.132	t-value	-1.260	-1.036	1.999
Italy	**mu**	**gamma1**	**gamma2**				
Brazil	0.000	-0.031	0.032				
t-value	-0.035	-0.503	0.355				
Russia	-0.001	-0.084	0.146				
t-value	-0.751	-1.363	1.465				
India	0.000	-0.041	0.218				
t-value	0.007	-0.813	3.726				
Indonesia	0.000	-0.018	0.223				
t-value	0.007	-0.370	4.234				
China	0.001	0.004	0.112				
t-value	0.914	0.088	2.349				
South Africa	0.000	0.083	-0.058				
t-value	-0.063	1.104	-0.635				
South Korea	-0.001	-0.061	0.139				
t-value	-1.212	-1.188	2.281				

表 4-10 欧债危机中新兴市场国家股市收益率的 AR 模型

Greece	mu	gamma1	gamma2	Ireland	mu	gamma1	gamma2
Brazil	-0.001	0.081	0.017	Brazil	-0.001	0.095	-0.005
t-value	-1.308	1.431	0.384	t-value	-1.358	1.406	-0.075
Russia	-0.001	0.077	-0.003	Russia	-0.001	0.041	0.052
t-value	-0.883	1.326	-0.055	t-value	-0.845	0.547	0.631
India	-0.001	0.005	0.025	India	-0.001	-0.049	0.114
t-value	-1.900	0.094	0.796	t-value	-1.933	-0.875	2.585
Indonesia	0.001	-0.068	0.070	Indonesia	0.001	-0.141	0.221
t-value	1.179	-1.305	2.170	t-value	1.375	-2.667	5.073
China	-0.001	-0.085	0.078	China	-0.001	-0.103	0.168
t-value	-1.346	-1.665	2.768	t-value	-1.443	-2.052	4.527
South Africa	-0.001	0.080	-0.051	South Africa	-0.001	-0.009	0.068
t-value	-1.146	1.375	-1.175	t-value	-0.964	-0.110	0.839
South Korea	0.000	-0.010	0.113	South Korea	0.000	-0.139	0.402
t-value	-0.434	-0.194	2.832	t-value	-0.364	-2.648	7.673

Spain	mu	gamma1	gamma2	Portugal	mu	gamma1	gamma2
Brazil	-0.001	0.115	-0.031	Brazil	-0.001	0.091	0.000
t-value	-1.372	1.705	-0.517	t-value	-1.353	1.334	0.004
Russia	-0.001	0.084	-0.013	Russia	-0.001	0.062	0.023
t-value	-0.894	1.312	-0.216	t-value	-0.849	0.937	0.307
India	-0.001	-0.024	0.071	India	-0.001	-0.026	0.086
t-value	-1.930	-0.435	1.963	t-value	-1.863	-0.469	1.955
Indonesia	0.001	-0.109	0.171	Indonesia	0.001	-0.125	0.234
t-value	1.311	-2.131	4.807	t-value	1.557	-2.444	5.445
China	-0.001	-0.101	0.134	China	-0.001	-0.109	0.189
t-value	-1.455	-2.011	4.256	t-value	-1.261	-2.188	5.036
South Africa	-0.001	0.049	-0.005	South Africa	-0.001	0.032	0.018
t-value	-1.012	0.665	-0.080	t-value	-0.981	0.432	0.241
South Korea	0.000	-0.094	0.307	South Korea	0.000	-0.095	0.368
t-value	-0.383	-1.845	7.154	t-value	-0.149	-1.860	7.075

续表

Italy	mu	gamma1	gamma2
Brazil	-0.001	0.141	-0.062
t-value	-1.427	2.050	-1.041
Russia	-0.001	0.098	-0.029
t-value	-0.925	1.419	-0.465
India	-0.001	-0.028	0.070
t-value	-1.865	-0.501	1.998
Indonesia	0.001	-0.127	0.192
t-value	1.573	-2.487	5.632
China	-0.001	-0.102	0.132
t-value	-1.312	-2.023	4.368
South Africa	-0.001	0.102	-0.060
t-value	-1.098	1.292	-0.938
South Korea	0.000	-0.100	0.300
t-value	-0.144	-1.955	7.239

表 4-11 危机后新兴市场国家股市收益率的 AR 模型

Greece	mu	gamma1	gamma2	Ireland	mu	gamma1	gamma2
Brazil	-0.001	0.028	-0.003	Brazil	-0.001	0.027	-0.001
t-value	-1.214	0.552	-0.082	t-value	-1.208	0.492	-0.015
Russia	0.000	0.031	-0.021	Russia	0.000	0.041	-0.043
t-value	-0.588	0.597	-0.633	t-value	-0.539	0.663	-0.526
India	0.000	0.027	0.018	India	0.000	0.026	0.023
t-value	0.438	0.551	0.533	t-value	0.423	0.486	0.314
Indonesia	0.000	0.132	0.029	Indonesia	0.000	0.116	0.125
t-value	0.036	2.653	0.972	t-value	-0.109	2.319	2.062
China	0.000	-0.039	0.006	China	0.000	-0.055	0.094
t-value	-0.296	-0.799	0.260	t-value	-0.453	-1.107	1.962
South Africa	0.000	-0.059	0.021	South Africa	0.000	-0.092	0.078
t-value	0.527	-1.143	0.714	t-value	0.449	-1.393	1.006
South Korea	0.001	-0.031	0.028	South Korea	0.000	-0.110	0.238
t-value	1.221	-0.606	1.185	t-value	0.952	-2.135	4.922

续表

Spain	mu	gamma1	gamma2	Portugal	mu	gamma1	gamma2
Brazil	-0.001	0.030	-0.006	Brazil	-0.001	0.045	-0.050
t-value	-1.213	0.532	-0.106	t-value	-1.188	0.824	-0.757
Russia	0.000	0.028	-0.011	Russia	0.000	0.030	-0.016
t-value	-0.603	0.477	-0.217	t-value	-0.601	0.502	-0.263
India	0.000	0.026	0.014	India	0.000	0.045	-0.031
t-value	0.449	0.491	0.318	t-value	0.450	0.839	-0.558
Indonesia	0.000	0.121	0.066	Indonesia	0.000	0.114	0.095
t-value	0.046	2.431	1.725	t-value	0.042	2.275	1.974
China	0.000	-0.047	0.038	China	0.000	-0.053	0.055
t-value	-0.303	-0.954	1.249	t-value	-0.308	-1.065	1.430
South Africa	0.000	-0.042	-0.007	South Africa	0.000	-0.041	-0.010
t-value	0.539	-0.686	-0.149	t-value	0.539	-0.683	-0.184
South Korea	0.001	-0.122	0.178	South Korea	0.001	-0.128	0.212
t-value	1.359	-2.422	5.941	t-value	1.355	-2.492	5.558
Italy	**mu**	**gamma1**	**gamma2**				
Brazil	-0.001	0.032	-0.011				
t-value	-1.206	0.574	-0.199				
Russia	0.000	0.069	-0.065				
t-value	-0.551	1.129	-1.313				
India	0.000	0.026	0.014				
t-value	0.445	0.495	0.308				
Indonesia	0.000	0.109	0.100				
t-value	0.012	2.207	2.714				
China	0.000	-0.050	0.040				
t-value	-0.318	-1.018	1.347				
South Afroca	0.000	-0.028	-0.021				
t-value	0.542	-0.433	-0.459				
South Korea	0.001	-0.118	0.170				
t-value	1.295	-2.348	5.825				

表 4-12　相关系数变化情况

		危机前	次贷危机中	欧债危机中	危机后
Greece	Brazil	0.147	0.504	0.474	0.226
	Russia	0.192	0.666	0.525	0.277
	India	0.199	0.539	0.364	0.218
	Indonesia	0.162	0.465	0.292	0.212
	China	0.018	0.229	0.230	0.076
	South Africa	0.372	0.698	0.517	0.307
	South Korea	0.243	0.494	0.368	0.289
Ireland	Brazil	0.179	0.537	0.640	0.459
	Russia	0.181	0.542	0.731	0.586
	India	0.126	0.438	0.473	0.446
	Indonesia	0.203	0.398	0.379	0.275
	China	0.004	0.067	0.221	0.164
	South Africa	0.423	0.677	0.769	0.673
	South Korea	0.238	0.377	0.501	0.389
		危机前	次贷危机	欧债危机	危机后
Portugal	Brazil	0.232	0.580	0.659	0.427
	Russia	0.134	0.619	0.632	0.547
	India	0.148	0.510	0.394	0.428
	Indonesia	0.140	0.456	0.283	0.284
	China	-0.008	0.162	0.217	0.200
	South Africa	0.378	0.707	0.705	0.577
	South Korea	0.198	0.415	0.397	0.395
Spain	Brazil	0.354	0.643	0.655	0.467
	Russia	0.216	0.645	0.628	0.515
	India	0.177	0.506	0.387	0.428
	Indonesia	0.142	0.430	0.280	0.258
	China	0.002	0.141	0.219	0.119
	South Africa	0.510	0.767	0.729	0.599
	South Korea	0.247	0.406	0.391	0.371

续表

		危机前	次贷危机中	欧债危机中	危机后
Italy	Brazil	0.328	0.634	0.653	0.496
	Russia	0.197	0.648	0.681	0.552
	India	0.156	0.525	0.409	0.422
	Indonesia	0.122	0.437	0.313	0.268
	China	-0.013	0.174	0.249	0.175
	South Africa	0.485	0.762	0.759	0.649
	South Korea	0.223	0.433	0.426	0.373

（一）AR 模型

在各个新兴市场国家的股市收益率 AR 模型中，gamma1 为对应该新兴市场滞后一期收益率的系数，gamma2 为相应欧洲债务危机国家收益率滞后一期的系数。表格中标红的数值表示该 T 检验结果显著，说明对应债务危机国家的股市收益率对该新兴市场国家股市收益率有显著影响和解释作用。我们可以发现，在欧债危机前的一段平稳期，只有西班牙、葡萄牙和意大利对部分新兴市场国家的股市收益有解释作用，但是在次贷危机和欧债危机期间，所有发生债务危机的 5 个国家——希腊、爱尔兰、西班牙、葡萄牙和意大利均对新兴市场股市收益产生解释作用，说明了债务危机期间这五个国家对新兴市场国家股市表现的影响加强。在危机后的一段时间里，5 个债务危机国家对新兴市场国家股市的影响力再度减弱，同时与危机前相比，西班牙、葡萄牙和意大利对新兴市场的影响减弱（影响的新兴市场国家数目减少），爱尔兰对新兴市场国家影响加强。

（二）DCC - GARCH 模型

表 4 - 12 及图 4 - 1 ~ 图 4 - 6 展示了三个时期 GIPSI 与 BRIICKS 的平均相关性水平。

首先，所有新兴市场国家与欧债危机国家的股票市场相关性都是正的，同时危机前和危机后相关性水平相对较低，危机中相关性水平都有显著的提高。

其次，新兴市场国家按相关性水平可以划分为三个层级，其中巴西、俄罗斯和南非为第一层级，债务危机国家在危机中与这三个国家股票市场之间的相关性很高（普遍高于0.5），市场危机传到效应比较明显。印度、印度尼西亚和韩国为第二层级，债务危机国家在危机中与这三个国家股票市场间的相关系数保持在0.3～0.5，危机传导效应相对较弱。最后是中国为第三层级，危机中相关系数值依旧维持在0.2左右的低位，危机传导效应在新兴市场国家中最弱。

再次，从国家细分角度来看：

（1）巴西：西班牙与巴西之间的市场相关性最高，其次为意大利和葡萄牙，所以对于巴西而言，危机传导路径应该主要是这三个国家股票市场。

（2）俄罗斯：意大利与俄罗斯之间的市场相关性最强，其次为西班牙，葡萄牙和爱尔兰，所以危机向俄罗斯市场传导媒介主要为这四个国家。

（3）印度：意大利与印度之间的市场相关性最强，其余欧债危机四国与印度之间的相关性水平接近，危机主要通过意大利传导。

（4）印度尼西亚：意大利与印度尼西亚之间的股票市场相关性最强，其次为爱尔兰，因此欧债危机主要通过意大利、爱尔兰市场向新兴市场国家传导。

（5）中国：整体与欧债危机国家间相关性较弱，相对而言，希腊与中国间的股票市场相关性在5个国家中最高，所以危机向中国的传导媒介主要为希腊。

（6）南非：意大利与南非之间的股票市场相关性最高，其次为西班牙，因此对于南非而言，危机传导路径主要为意大利和西班牙。

（7）韩国：希腊与韩国之间的股票市场相关性最高，其次为意大利，因此危机向韩国传导的主要媒介为希腊和意大利市场。

最后，通过上面的分析可以发现，意大利、西班牙、爱尔兰是危机向新兴市场传导的主要路径媒介，尽管希腊是与中国和韩国相关性最高的国家，但实际上相关性的绝对水平比较低，传导效应不明显，因此希腊债务危机对新兴市场国家的影响被部分夸大。

部分欧债危机国家与新兴市场国家股票市场收益率的相关系数见图4－1至图4－6。

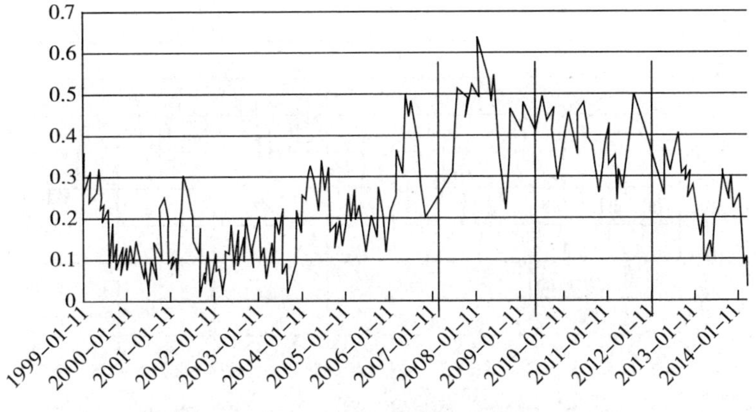

图4－1　希腊和巴西股市收益率动态相关系数

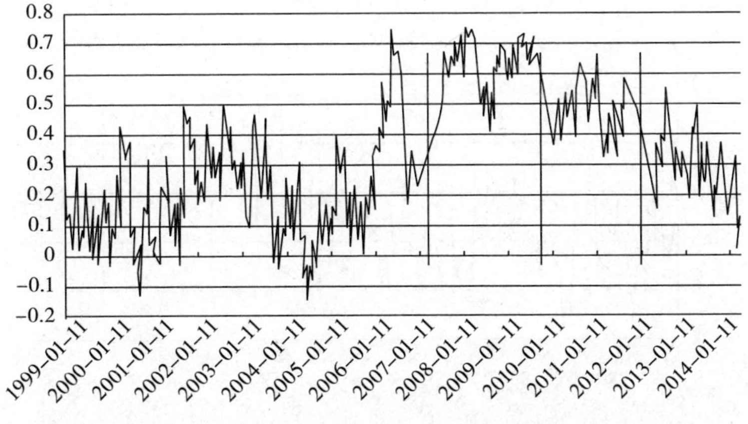

图4－2　希腊和俄罗斯股市收益率动态相关系数

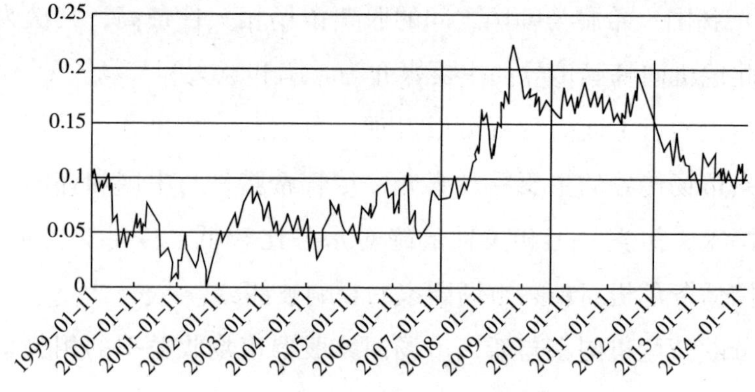

图 4-3　希腊和中国股市收益率动态相关系数

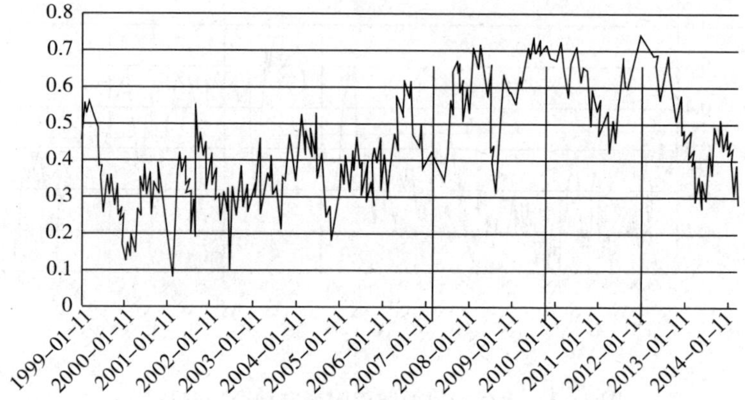

图 4-4　意大利和巴西股市收益率动态相关系数

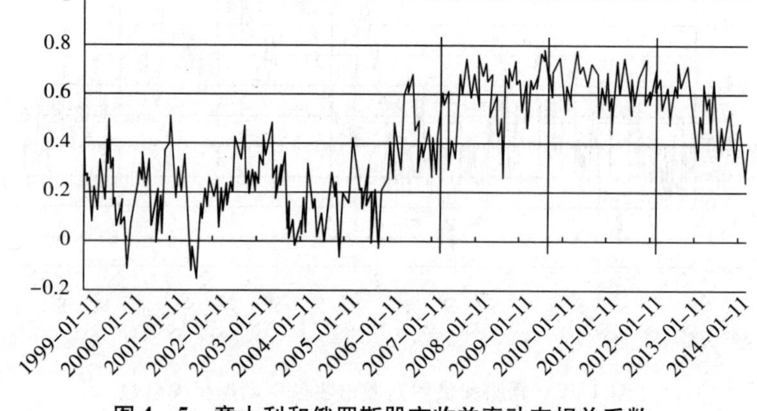

图 4-5　意大利和俄罗斯股市收益率动态相关系数

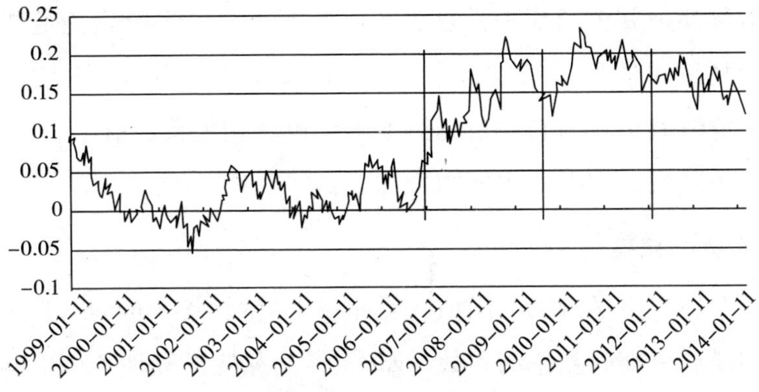

图 4-6 意大利和中国股市收益率动态相关系数

四、欧债危机通过新兴市场国家国债市场传导

利用 DCC-GARCH 对国债市场收益率建模，研究欧债危机向新兴市场国家国债市场的传导。

首先，从数据描述看，本报告中共使用 12 个国家的 10 年期国债收益率每日报价，其中包括 5 个欧洲国家（希腊、爱尔兰、葡萄牙、西班牙和意大利）以及 7 个新兴市场国家（巴西、俄罗斯、印度、印度尼西亚、中国、南非和韩国）。①

其次，为了研究危机的传导机制，本报告将 1999 年 1 月至 2014 年 4 月划分为四个时间段，以进行比较分析，具体划分情况见表 4-13。

表 4-13 四个时间段的样本划分

危机前	次贷危机中	欧债危机中	危机后
1999 年 1 月至 2007 年 2 月	2007 年 2 月至 2009 年 9 月	2009 年 9 月至 2012 年 1 月	2012 年 1 月至 2014 年 4 月

最后，针对四个时间阶段的样本分别建立 AR、DCC-GARCH 模型来具体考察欧债国家国债市场收益情况对新兴市场国家国债市场收

① 数据来自彭博数据库。

益率的解释能力和市场相关性。表 4－14 至表 4－17 分别为危机前中后新兴市场国家国债市场收益率的 AR 模型结果，表 4－18 为欧洲债务危机国家股票市场与新兴市场国家国债市场相关系数值。

根据该结果，本书的主要结论如下：

（一）AR 模型

在各个新兴市场国家的国债收益率 AR 模型中，gamma1 为对应该新兴市场滞后一期收益率的系数，gamma2 为相应欧洲债务危机国家国债收益率滞后一期的系数。表格中有阴影的数值表示该 T 检验结果为显著，说明对应债务危机国家的国债收益率对该新兴市场国家国债收益率有显著影响和解释作用。我们可以发现，国债市场与股票市场呈现出相反的规律，在欧债危机前的一段平稳期，部分债务危机国家对新兴市场国家的股市收益率有解释作用，但是在次贷危机和欧债危机期间，解释作用减弱，在危机后的一段时间里，5 个债务危机国家对新兴市场国家股市的解释力度逐渐增强。

（二）DCC－GARCH 模型

表 4－18 中展示了三个时期 GIPSI（欧洲债务危机国家）与 BRICKS（新兴市场国家）的平均相关性水平。

首先，新兴市场国家与欧债危机国家的国债收益市场相关性有正有负，向不同新兴市场国家的传导效果有积极和消极两种，相比股票市场的传导更复杂。

其次，在两次危机期间，欧债危机国家和新兴市场国家国债市场相关性差别比较大，在次贷危机期间，相关性水平整体比较弱，在欧债危机期间整体相关性水平显著提高。

再次，在欧债危机期间，从国家细分角度来看：

（1）巴西：希腊与巴西之间的市场相关性最高，其次为意大利，并且相关性均为正，所以对于巴西而言，危机传导路径应该主要是通过希腊和意大利国债市场，并且危机带来的影响是正向的。

（2）俄罗斯：希腊与俄罗斯之间的市场相关性最强，其次为意大利和西班牙，相关系数为正，所以危机向俄罗斯市场传导媒介主要为这三个国家，并且影响是正向的。

（3）印度：希腊与印度之间的市场相关性最强，其次为爱尔兰，相关性为负，因此危机主要通过希腊传导，并且影响的方向是反向的。

（4）中国：整体与欧债危机国家间相关性较弱，相对而言，意大利和西班牙与中国间的国债市场相关性在5个国家中最高，并且均为正向影响，所以危机向中国的传导媒介主要为意大利和西班牙。

（5）印度尼西亚、南非和韩国：欧债危机国家与这三个国家国债市场的相关性整体处于很低水平，并且正负号不具有一致性，因此危机传导效果不明显。

最后，通过上面的分析可以发现，希腊、意大利是危机向新兴市场国债市场传导的主要路径。

表4-14　危机前新兴市场国家国债市场收益率的AR模型

Greece	mu	gamma1	gamma2	Ireland	mu	gamma1	gamma2
Brazil	-1.335	1.038	0.265	Brazil	-1.047	1.019	0.239
t-value	-1.472	17.367	1.940	t-value	-1.287	18.930	1.812
Russia	1.484	0.713	0.037	Russia	1.523	0.703	0.045
t-value	3.278	8.169	1.248	t-value	3.341	7.924	1.398
India	0.667	0.884	0.054	India	0.659	0.885	0.056
t-value	1.384	8.341	0.602	t-value	1.372	8.350	0.584
Indonesia	16.694	0.189	-2.023	Indonesia	15.550	0.240	-1.994
t-value	5.331	1.369	-4.570	t-value	5.044	1.766	-4.267
China	0.435	0.858	-0.001	China	0.398	0.864	0.004
t-value	1.070	10.560	-0.012	t-value	1.063	11.471	0.096
South Africa	1.954	0.789	-0.077	South Africa	2.120	0.773	-0.093
t-value	3.110	11.867	-2.178	t-value	3.268	11.329	-2.381

续表

Greece	mu	gamma1	gamma2	Ireland	mu	gamma1	gamma2
South Korea	0. 859	0. 820	0. 010	South Korea	0. 860	0. 818	0. 014
t - value	2. 508	12. 204	0. 488	t - value	2. 536	12. 141	0. 627
Brazil	- 1. 179	1. 034	0. 246	Brazil	- 1. 404	1. 041	0. 284
t - value	- 1. 398	17. 628	1. 904	t - value	- 1. 540	17. 498	2. 006
Spain	**mu**	**gamma1**	**gamma2**	**Portugal**	**mu**	**gamma1**	**gamma2**
Russia	1. 493	0. 714	0. 036	Russia	1. 478	0. 714	0. 038
t - value	3. 282	8. 197	1. 242	t - value	3. 271	8. 193	1. 237
India	0. 650	0. 892	0. 045	India	0. 598	0. 901	0. 040
t - value	1. 304	8. 584	0. 527	t - value	1. 251	8. 481	0. 425
Indonesia	16. 113	0. 184	- 1. 974	Indonesia	17. 279	0. 171	- 2. 174
t - value	5. 416	1. 339	- 4. 622	t - value	5. 424	1. 228	- 4. 674
China	0. 418	0. 861	0. 002	China	0. 415	0. 862	0. 002
t - value	1. 093	10. 857	0. 038	t - value	1. 018	10. 666	0. 044
South Africa	2. 031	0. 779	- 0. 081	South Africa	1. 997	0. 786	- 0. 083
t - value	3. 238	11. 581	- 2. 331	t - value	3. 171	11. 827	- 2. 252
South Korea	0. 861	0. 819	0. 011	South Korea	0. 859	0. 820	0. 010
t - value	2. 531	12. 192	0. 562	t - value	2. 506	12. 203	0. 484
Italy	**mu**	**gamma1**	**gamma2**				
Brazil	- 1. 626	1. 055	0. 312				
t - value	- 1. 663	16. 672	2. 097				
Russia	1. 450	0. 722	0. 033				
t - value	3. 223	8. 369	1. 110				
India	0. 538	0. 916	0. 025				
t - value	1. 172	9. 034	0. 281				
Indonesia	17. 982	0. 144	- 2. 235				
t - value	5. 558	1. 023	- 4. 820				
China	0. 447	0. 856	- 0. 002				
t - value	1. 043	10. 156	- 0. 039				
South Africa	1. 950	0. 791	- 0. 080				
t - value	3. 132	12. 034	- 2. 200				
South Korea	0. 859	0. 821	0. 009				
t - value	2. 491	12. 219	0. 420				

表 4-15　次贷危机中新兴市场国家国债市场收益率的 AR 模型

Greece	mu	gamma1	gamma2	Ireland	mu	gamma1	gamma2
Brazil	0.217	0.977	-0.014	Brazil	0.201	0.975	-0.009
t-value	1.756	77.730	-0.625	t-value	1.650	79.668	-0.470
Russia	0.198	0.988	-0.025	Russia	0.247	0.983	-0.031
t-value	1.600	88.011	-0.950	t-value	2.031	95.639	-1.445
India	0.006	0.994	0.007	India	-0.077	0.997	0.021
t-value	0.049	125.940	0.428	t-value	-0.759	134.977	1.509
Indonesia	0.365	0.981	-0.028	Indonesia	0.377	0.980	-0.027
t-value	1.580	80.224	-0.565	t-value	1.717	87.089	-0.683
China	0.145	0.984	-0.017	China	0.065	0.989	-0.005
t-value	1.861	118.110	-1.484	t-value	1.066	128.549	-0.517
South Africa	0.169	0.987	-0.010	South Africa	0.101	0.986	0.005
t-value	1.853	129.062	-0.794	t-value	1.263	127.105	0.468
South Korea	0.156	0.972	-0.001	South Korea	0.113	0.974	0.006
t-value	1.469	74.438	-0.093	t-value	1.193	75.590	0.532
Spain	**mu**	**gamma1**	**gamma2**	**Portugal**	**mu**	**gamma1**	**gamma2**
Brazil	-0.037	0.978	0.041	Brazil	0.073	0.976	0.018
t-value	-0.192	78.725	1.115	t-value	0.365	78.967	0.463
Russia	-0.019	0.986	0.024	Russia	0.225	0.982	-0.026
t-value	-0.083	88.241	0.536	t-value	0.991	90.949	-0.586
India	-0.189	0.975	0.086	India	-0.210	0.981	0.078
t-value	-1.761	104.471	2.587	t-value	-1.870	123.458	2.654
Indonesia	-0.137	0.977	0.097	Indonesia	0.016	0.977	0.059
t-value	-0.409	86.932	1.295	t-value	0.045	85.298	0.748
China	0.045	0.991	-0.002	China	0.061	0.992	-0.007
t-value	0.602	107.495	-0.118	t-value	0.789	121.529	-0.337
South Africa	0.035	0.975	0.045	South Africa	0.086	0.983	0.016
t-value	0.381	83.541	1.392	t-value	0.865	85.191	0.475
South Korea	-0.042	0.926	0.103	South Korea	-0.022	0.950	0.065
t-value	-0.496	51.284	3.582	t-value	-0.237	62.412	2.581

续表

Italy	mu	gamma1	gamma2
Brazil	0. 052	0. 975	0. 023
t - value	0. 257	79. 642	0. 564
Russia	-0. 074	0. 984	0. 036
t - value	-0. 324	95. 107	0. 784
India	-0. 134	0. 984	0. 054
t - value	-1. 050	118. 917	1. 622
Indonesia	-0. 070	0. 974	0. 083
t - value	-0. 180	80. 249	0. 909
China	0. 111	0. 994	-0. 019
t - value	1. 294	124. 485	-0. 914
South Africa	0. 174	0. 992	-0. 022
t - value	1. 551	85. 710	-0. 597
South Korea	-0. 032	0. 946	0. 071
t - value	-0. 309	55. 126	2. 301

表 4-16 欧债危机中新兴市场国家国债市场收益率的 AR 模型

Greece	mu	gamma1	gamma2	Ireland	mu	gamma1	gamma2
Brazil	0. 067	0. 977	0. 003	Brazil	0. 111	0. 923	0. 027
t - value	0. 538	22. 834	0. 180	t - value	0. 985	23. 936	2. 196
Russia	0. 047	0. 987	0. 003	Russia	0. 286	0. 923	0. 020
t - value	0. 348	26. 436	0. 321	t - value	1. 804	25. 065	2. 374
India	1. 505	0. 821	-0. 005	India	1. 372	0. 825	0. 005
t - value	2. 603	11. 911	-0. 806	t - value	2. 549	12. 213	0. 863
Indonesia	0. 033	0. 961	0. 025	Indonesia	0. 114	0. 950	0. 036
t - value	0. 105	23. 339	1. 145	t - value	0. 396	23. 815	1. 957
China	0. 143	0. 987	-0. 007	China	0. 158	0. 950	0. 005
t - value	2. 001	46. 362	-1. 397	t - value	1. 448	19. 900	0. 501
South Africa	0. 365	0. 941	0. 011	South Africa	0. 845	0. 875	0. 023
t - value	1. 133	22. 061	1. 070	t - value	2. 047	14. 797	1. 863
South Korea	0. 100	0. 996	-0. 007	South Korea	0. 235	0. 931	0. 010
t - value	0. 640	21. 315	-0. 728	t - value	1. 196	16. 078	0. 922

续表

Spain	mu	gamma1	gamma2	Portugal	mu	gamaa1	gamm2
Brazil	0. 177	0. 839	0. 102	Brazil	-0. 036	0. 966	0. 029
t - value	1. 554	15. 473	3. 031	t - value	-0. 235	30. 097	1. 105
Russia	0. 489	0. 861	0. 063	Russia	0. 021	0. 974	0. 021
t - value	2. 185	14. 431	2. 406	t - value	0. 179	36. 778	1. 398
India	1. 352	0. 829	0. 006	India	1. 308	0. 835	0. 004
t - value	2. 506	12. 222	0. 506	t - value	2. 401	12. 469	0. 286
Indonesia	0. 079	0. 943	0. 077	Indonesia	-0. 024	0. 953	0. 061
t - value	0. 273	23. 243	2. 130	t - value	-0. 072	22. 034	1. 221
China	0. 083	0. 997	-0. 013	China	0. 107	0. 965	0. 006
t - value	1. 066	30. 497	-0. 938	t - value	1. 460	37. 251	0. 394
South Africa	1. 077	0. 832	0. 063	South Africa	0. 431	0. 921	0. 034
t - value	2. 405	12. 270	2. 266	t - value	1. 324	19. 174	1. 344
South Korea	0. 212	0. 931	0. 021	South Korea	0. 088	1. 033	-0. 036
t - value	1. 241	18. 432	1. 166	t - value	0. 578	19. 851	-1. 511
Italy	**mu**	**gamma1**	**gamma2**				
Brazil	0. 008	0. 859	0. 135				
t - value	0. 068	14. 750	2. 415				
Russia	0. 327	0. 879	0. 085				
t - value	1. 744	14. 417	2. 039				
India	1. 353	0. 825	0. 013				
t - value	2. 517	12. 158	0. 759				
Indonesia	-0. 030	0. 928	0. 140				
t - value	-0. 103	21. 756	2. 373				
China	0. 106	0. 998	-0. 020				
t - value	1. 517	30. 240	-0. 942				
South Africa	1. 051	0. 815	0. 108				
t - value	2. 439	11. 354	2. 353				
South Korea	0. 204	0. 916	0. 040				
t - value	1. 249	16. 781	1. 367				

表 4 – 17　危机后新兴市场国家国债市场收益率的 AR 模型

Greece	mu	gamma1	gamma2	Ireland	mu	gamma1	gamma2
Brazil	0. 220	0. 975	-0. 011	Brazil	0. 174	0. 984	-0. 027
t - value	2. 648	92. 258	-2. 172	t - value	1. 809	104. 748	-1. 300
Russia	0. 337	0. 965	-0. 019	Russia	0. 334	0. 977	-0. 062
t - value	3. 019	65. 398	-2. 845	t - value	2. 529	73. 926	-2. 306
India	0. 229	0. 977	-0. 003	India	0. 154	0. 982	0. 000
t - value	1. 156	54. 153	-0. 465	t - value	0. 698	57. 891	0. 015
Indonesia	0. 122	0. 984	0. 001	Indonesia	0. 075	0. 985	0. 014
t - value	0. 776	84. 511	0. 120	t - value	0. 408	94. 133	0. 374
China	0. 077	0. 990	-0. 003	China	-0. 011	0. 999	0. 005
t - value	1. 266	106. 038	-1. 107	t - value	-0. 152	120. 390	0. 410
South Africa	0. 439	0. 967	-0. 019	South Africa	0. 326	0. 981	-0. 046
t - value	3. 155	75. 812	-3. 027	t - value	2. 191	85. 001	-1. 850
South Korea	0. 153	0. 968	-0. 004	South Korea	0. 109	0. 977	-0. 007
t - value	2. 251	66. 257	-1. 495	t - value	1. 544	73. 361	-0. 617
Spain	**mu**	**gamma1**	**gamma2**	**Portugal**	**mu**	**gamma1**	**gamma2**
Brazil	0. 141	0. 984	-0. 015	Brazil	0. 128	0. 987	-0. 011
t - value	1. 428	96. 506	-0. 896	t - value	1. 907	110. 370	-1. 244
Russia	0. 330	0. 971	-0. 047	Russia	0. 225	0. 983	-0. 024
t - value	2. 354	65. 314	-2. 122	t - value	2. 396	79. 718	-2. 172
India	0. 193	0. 980	-0. 004	India	0. 040	0. 986	0. 013
t - value	0. 813	52. 184	-0. 179	t - value	0. 250	64. 908	10. 95
Indonesia	0. 057	0. 986	0. 014	Indonesia	0. 064	0. 984	0. 012
t - value	0. 303	87. 327	0. 474	t - value	0. 519	100. 045	0. 752
China	-0. 016	1. 001	0. 004	China	-0. 021	1. 000	0. 004
t - value	-0. 211	104. 492	0. 449	t - value	-0. 453	143. 357	0. 970
South Africa	0. 322	0. 977	-0. 032	South Africa	0. 216	0. 985	-0. 015
t - value	1. 960	75. 481	-1. 585	t - value	1. 828	88. 620	-1. 413
South Korea	0. 115	0. 975	-0. 006	South Korea	0. 077	0. 979	0. 000
t - value	1. 566	69. 431	-0. 677	t - value	1. 453	75. 766	-0. 078

续表

Italy	mu	gamma1	gamma2
Brazil	0.180	0.985	-0.026
t - value	1.779	106.324	-1.287
Russia	0.400	0.975	-0.069
t - value	2.851	74.456	-2.651
India	0.088	0.984	0.011
t - value	0.403	60.231	0.382
Indonesia	0.055	0.985	0.018
t - value	0.289	96.111	0.475
China	-0.029	1.000	0.008
t - value	-0.434	130.513	0.731
South Africa	0.361	0.980	-0.047
t - value	2.264	84.280	-1.935
South Korea	0.128	0.976	-0.011
t - value	1.775	74.283	-0.925

表 4-18 相关系数变化情况

		危机前	次贷危机中	欧债危机中	危机后
Greece	Brazil	-0.389	-0.112	0.547	0.208
	Russiav	0.325	0.132	0.573	0.380
	India	0.402	0.147	-0.395	0.037
	Indonesia	-0.124	-0.010	-0.014	-0.003
	China	-0.201	0.061	0.105	0.154
	South Africa	-0.100	0.042	-0.187	0.247
	South Korea	0.044	0.165	-0.016	0.130
Ireland	Brazil	-0.333	-0.171	0.218	0.411
	Russia	0.319	0.040	0.383	0.478
	India	0.676	0.135	-0.368	0.118
	Indonesia	-0.012	-0.046	-0.130	0.223
	China	-0.219	0.090	0.180	0.180
	South Africa	-0.044	0.068	0.038	0.371
	South Korea	0.071	0.156	0.007	0.168

续表

		危机前	次贷危机中	欧债危机中	危机后
Portugal	Brazil	-0.321	-0.176	0.100	0.045
	Russia	0.340	0.091	0.199	0.181
	India	0.482	0.145	-0.113	0.039
	Indonesia	-0.033	0.004	0.141	-0.007
	China	-0.218	0.134	0.256	0.086
	South Africa	-0.085	0.008	0.207	-0.062
	South Korea	0.050	0.192	0.178	-0.012
Spain	Brazil	0.367	-0.222	0.375	0.303
	Russia	0.481	0.062	0.548	0.440
	India	-0.027	0.137	-0.261	-0.001
	Indonesia	-0.228	-0.047	0.058	-0.008
	China	-0.027	0.159	0.297	0.095
	South Africa	0.057	0.012	-0.016	0.222
	South Korea	-0.304	0.219	-0.005	0.157
Italy	Brazil	-0.298	-0.166	0.483	0.312
	Russia	0.657	0.100	0.555	0.520
	India	0.648	0.137	-0.328	0.048
	Indonesia	-0.103	0.002	0.132	0.114
	China	-0.185	0.115	0.294	0.089
	South Africa	-0.085	0.023	0.015	0.318
	South Korea	0.057	0.193	-0.005	0.168

部分欧债危机国家与新兴市场国家国债市场相关系数如图 4-7 ~ 图 4-12 所示。

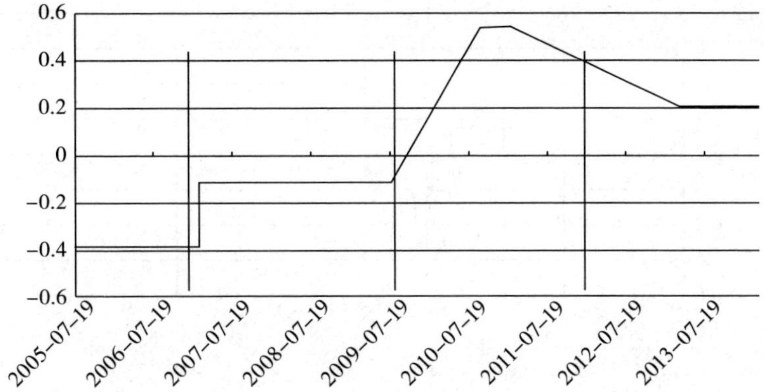

图 4-7　希腊和巴西国债市场收益率动态相关系数

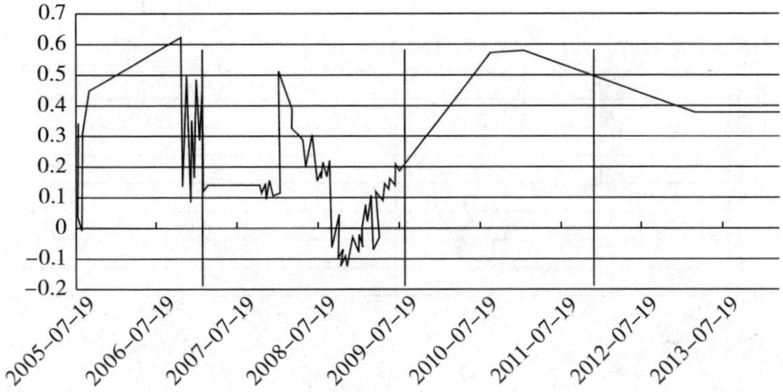

图 4-8　希腊和俄罗斯国债市场收益率动态相关系数

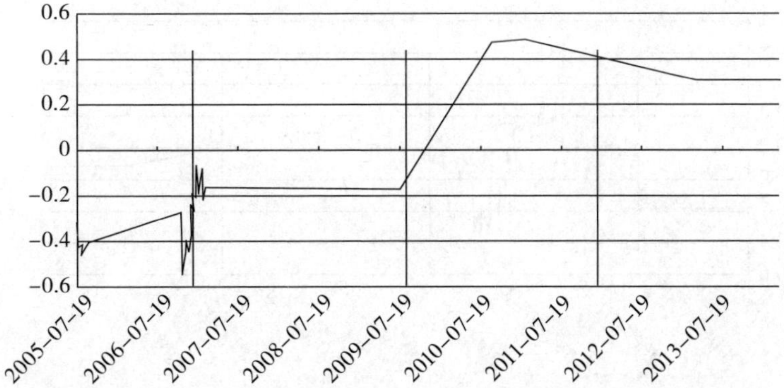

图 4-9　意大利和巴西国债市场收益率动态相关系数

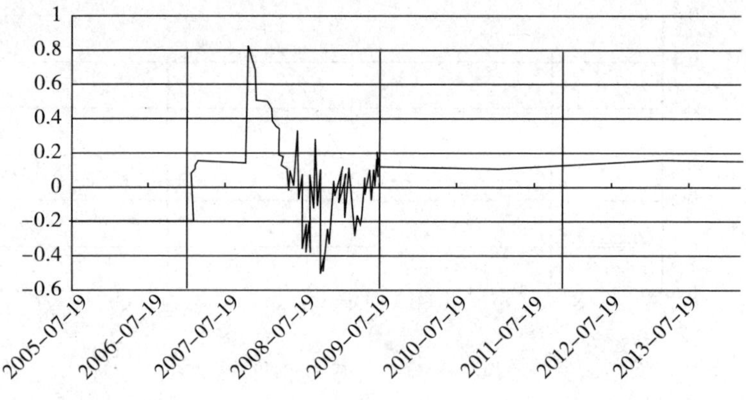

图 4-10　希腊和中国国债市场收益率动态相关系数

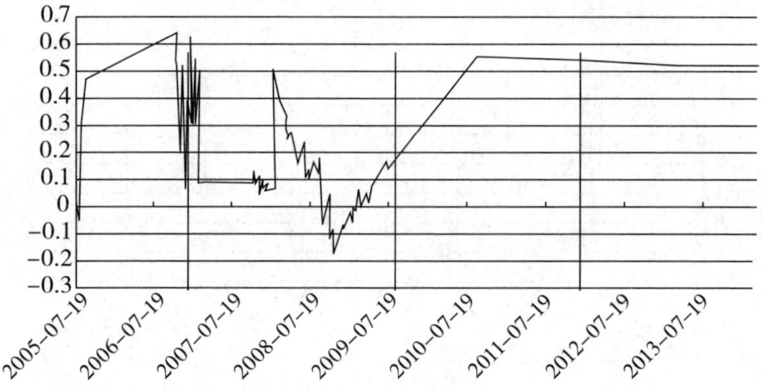

图 4-11　意大利和俄罗斯国债市场收益率动态相关系数

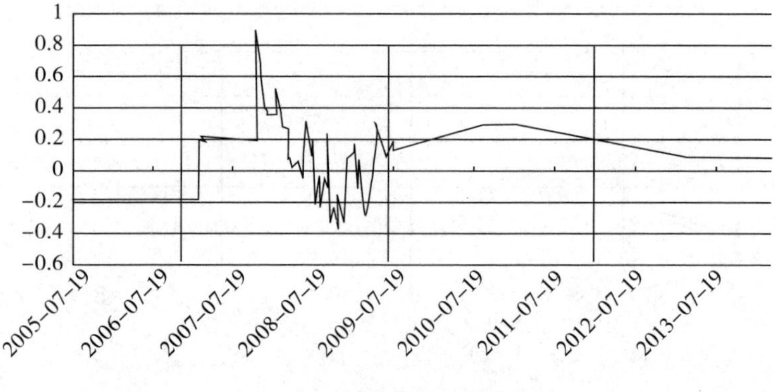

图 4-12　意大利和中国国债市场收益率动态相关系数

五、欧债危机通过新兴市场国家外汇市场传导

利用DCC－GARCH对外汇市场每日对数收益率建模，研究危机在外汇市场传导机制。

首先，从数据描述看，本报告中共使用7个国家及一个地区的外汇价格（以美元计价），其中包括7个新兴市场国家（巴西、俄罗斯、印度、印度尼西亚、中国、南非和韩国）和欧元区。

其次，为了研究危机的传导机制，本报告将1999年1月至2014年4月划分为四个时间段，以进行比较分析，具体划分情况如表4－19所示。

表4－19　四个时间段的样本划分

危机前	次贷危机中	欧债危机中	危机后
1999年1月至 2007年2月	2007年2月至 2009年9月	2009年9月至 2012年1月	2012年2月至 2014年4月

最后，针对四个时间阶段的样本分别建立AR、DCC－GARCH模型来具体考察欧元收益率对新兴市场国家货币收益率的解释能力和市场相关性。表4－20～表4－23分别为危机前、危机中、危机后新兴市场国家外汇市场收益率的AR模型结果，表4－24为欧洲债务危机国家外汇市场与新兴市场国家外汇市场相关系数值。

根据该结果，本书的主要结论为：

（一）AR模型

在各个新兴市场国家的外汇市场收益率AR模型中，gamma1为相应新兴市场滞后一期收益率的系数，gamma2为相应欧洲债务危机国家收益率滞后一期的系数。表格中有阴影的数值表示该T检验结果为显著，说明相应债务危机国家的外汇市场收益率对该新兴市场国家外汇市场收益率有显著影响和解释作用。并且欧元对新兴市场货币的影响

具有稳定性和持续性，在危机前中后始终具有很强的解释作用。

（二）DCC - GARCH 模型

表4 - 20至表4 - 24展示了四个时期欧元区与BRIICSS的平均相关性水平。

首先，所有新兴市场国家与欧债危机国家的外汇市场相关性都是正的，同时危机前和危机后相关性水平相对较低，危机中相关性水平都有显著的提高。

其次，新兴市场国家中按相关性水平可以划分为三个层级，其中巴西、俄罗斯和南非为第一层级，债务危机国家在危机中与这三个国家外汇市场之间的相关性很高，市场危机传导效应比较明显。印度、印度尼西亚和韩国为第二层级，债务危机国家在危机中与这三个国家外汇市场间的相关系数较小，危机传导效应相对较弱。最后是中国为第三层级，危机中相关系数值很低，危机传导效应在新兴市场国家中最弱。因此，欧元区外汇市场主要对新兴市场国家中的巴西、俄罗斯和南非有较强的传导作用。

表4 - 20　危机前新兴市场国家外汇市场收益率的AR模型

Euro	mu	gamma1	gamma2
Brazil	0.000	-0.027	0.040
t - value	1.331	-0.774	0.850
Russia	0.000	-0.066	0.073
t - value	2.488	-1.740	5.378
India	0.000	-0.009	0.090
t - value	0.198	-0.258	6.309
Indonesia	0.000	0.028	0.081
t - value	-0.529	0.813	2.721
China	0.000	-0.032	0.019
t - value	2.826	-0.947	4.006

续表

Euro	mu	gamma1	gamma2
South Africa	0. 000	0. 017	-0. 065
t - value	-0. 127	0. 435	-0. 858
South Korea	0. 000	-0. 086	0. 249
t - value	1. 723	-2. 674	10. 802

表 4-21　次贷危机中新兴市场国家外汇市场收益率的 AR 模型

Euro	mu	gamma1	gamma2
Brazil	0. 000	-0. 085	0. 069
t - value	0. 395	-2. 023	0. 862
Russia	0. 000	0. 253	-0. 016
t - value	-0. 505	5. 155	-0. 373
India	0. 000	0. 040	0. 120
t - value	-0. 593	0. 986	3. 954
Indonesia	0. 000	-0. 039	0. 117
t - value	-1. 103	-0. 989	3. 247
China	0. 000	-0. 075	0. 047
t - value	4. 755	-2. 009	8. 584
South Afriva	0. 000	-0. 057	0. 070
t - value	-0. 342	-1. 321	0. 779
South Korea	-0. 001	0. 003	0. 275
t - value	-1. 249	0. 080	4. 608

表 4-22　欧债危机中新兴市场国家外汇市场收益率的 AR 模型

Euro	mu	gamma1	gamma2
Brazil	0. 000	-0. 102	-0. 011
t - value	-0. 955	-1. 897	-0. 163
Russia	0. 000	0. 042	0. 125
t - value	-0. 820	0. 835	2. 759
India	0. 000	0. 011	0. 132
t - value	-1. 028	0. 254	4. 438

续表

Euro	mu	gamma1	gamma2
Indonesia	0.000	-0.166	0.139
t-value	0.562	-3.847	6.116
China	0.000	-0.053	0.035
t-value	3.696	-1.216	5.577
South Africa	0.000	0.016	-0.081
t-value	-0.943	0.291	-1.046
South Korea	0.000	-0.095	0.310
t-value	0.129	-2.203	7.326

表 4-23 危机后新兴市场国家外汇市场收益率的 AR 模型

Euro	mu	gamma1	gamma2
Brazil	0.000	-0.029	0.014
t-value	-1.370	-0.633	0.193
Russia	0.000	0.014	0.119
t-value	-0.860	0.271	1.913
India	0.000	-0.011	0.190
t-value	-0.865	-0.252	3.017
Indonesia	0.000	-0.292	0.181
t-value	-0.824	-6.980	2.653
China	0.000	-0.105	0.054
t-value	1.243	-2.483	5.967
South Africa	0.000	-0.031	-0.044
t-value	-0.943	-0.620	-0.500
South Korea	0.000	-0.001	0.252
t-value	0.827	-0.024	7.079

表 4－24 相关系数变化情况

		危机前	次贷危机	欧债危机	危机后
Euro	Brazil	0. 185	0. 390	0. 574	0. 306
	Russia	0. 507	0. 785	0. 540	0. 470
	India	0. 090	0. 288	0. 270	0. 222
	Indonesia	0. 155	0. 163	0. 152	0. 094
	China	0. 017	0. 073	0. 086	0. 015
	South Africa	0. 499	0. 411	0. 604	0. 453
	South Korea	0. 157	0. 159	0. 202	0. 048

欧元区与新兴市场国家货币市场相关性如图 4－13～图 4－15所示。

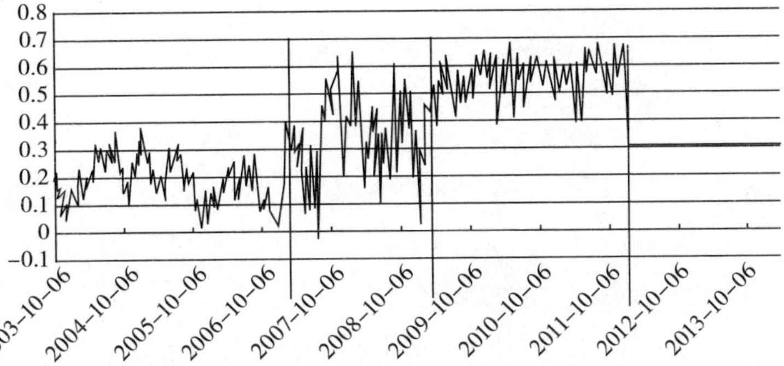

图 4－13 欧元和巴西货币市场收益率动态相关系数

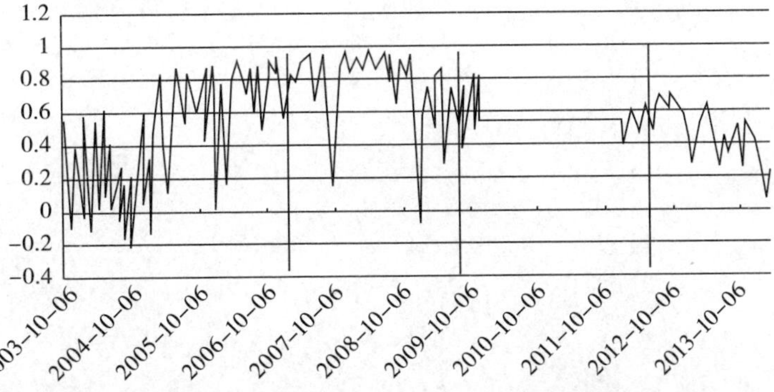

图 4－14 欧元和俄罗斯货币市场收益率动态相关系数

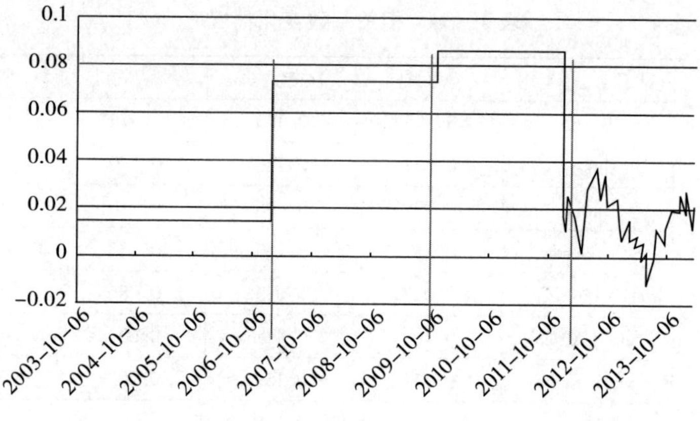

图 4 − 15　欧元和中国外汇市场收益率动态相关系数

第三节

欧债危机的金融市场传导机制的结论

通过对欧债危机在股票、国债和外汇市场向新兴市场国家传导的DCC－GARCH模型进行分析，本书主要得到以下结论：

（1）债务危机期间欧猪五国对新兴市场国家股市表现的影响加强。所有新兴市场国家与欧债危机国家的股票市场相关性都是正的，同时危机前和危机后相关性水平相对较低，危机中相关性水平都有显著的提高。

新兴市场国家按相关性水平可以划分为三个层级，其中巴西、俄罗斯、南非为第一层级，债务危机国家在危机中与这三个国家股票市场之间的相关性很高（普遍均高于0.5），市场危机传导效应比较明显。印度、印度尼西亚、韩国为第二层级，债务危机国家在危机中与这三个国家股票市场间的相关系数保持在0.3～0.5，危机传导效应相对较弱。最后是中国为第三层级，危机中相关系数值依旧维持在0.2左右的低位，危机传导效应在新兴市场国家中最弱。

意大利、西班牙和爱尔兰是危机向新兴市场传导的主要路径，尽管希腊是与中国和韩国相关性最高的国家，但实际上相关性的绝对水平比较低，传导效应不明显，因此希腊债务危机对新兴市场国家的影响被部分夸大。

（2）新兴市场国家与欧债危机国家的国债收益市场相关性有正有负，相比股票市场的传导更复杂。国债市场与股票市场呈现出相反的规律，在欧债危机前的一段平稳期，部分债务危机国家对新兴市场国家的股市收益率有解释作用，但是在次贷危机和欧债危机中，解释作用减弱，在危机后的一段时间里，5 个债务危机国家对新兴市场国家股市的解释力度逐渐增强。

在次贷危机期间，相关性水平整体比较弱，在欧债危机期间整体相关性水平显著提高。希腊、意大利是危机向新兴市场国债市场传导的主要路径。

（3）所有新兴市场国家与欧债危机国家的外汇市场相关性都是正的，同时危机前和危机后相关性水平相对较低，危机中相关性水平都有显著的提高。新兴市场国家中按相关性水平可以划分为三个层级，其中巴西、俄罗斯、南非为第一层级，债务危机国家在危机中与这三个国家外汇市场之间的相关性很高，市场危机传导效应比较明显。印度、印度尼西亚和韩国为第二层级，债务危机国家在危机中与这三个国家外汇市场间的相关系数较小，危机传导效应相对较弱。最后是中国为第三层级，危机中相关系数值很低，危机传导效应在新兴市场国家中最弱。

第五章　主权债务危机同层传导及跨层传导的案例研究

第一节

美国债务危机：
从第一层级向第二层级和第三层级的传导

一、来自第一层级的内生危机：美债危机的发端与演进

与欧债危机类似，美债危机也发源于由美国次贷危机引发的金融危机。这场危机首先开始于美国房地产市场泡沫的破灭。事实上，从1995年开始，美国房价就开始出现持续上涨的情况，美国居民纷纷抵押购房。为在房地产市场的繁荣中分到一杯羹，各大金融机构为扩大业务，不惜降低贷款发放的门槛。

与此同时，美国采取宽松的货币政策，尤其是自网络股泡沫破灭和“9·11”事件后，为刺激需求避免经济衰退而大幅度调低联邦基金利率，向市场强行注入流动性，导致各个银行机构银根松动，出现巨大贷款冲动。一方面，各金融机构在追逐利益的动机驱使下，防范风险的意识逐渐丧失，次贷放贷的标准不断下降，发放的规模不断加大；另一方面，市场流动性充裕，而制造业和服务业没有良好的投资机会，大量的流动性进入房地产市场，直接推动了房地产市场的繁荣，导致房价一路上升。

美国房地产市场的繁荣终止于2005年，随着2006年国际大宗商品价格和原油、资源类产品、生产资料价格的飞涨，美国开始面临越

来越大的通货膨胀压力。在通货膨胀压力下，美联储调整货币政策，紧缩银根，基准利率出现上扬，导致购房者的还贷压力不断上升，房地产市场的需求开始回落，房价下跌，美国房地产市场的泡沫开始走向破灭（见图5－1）。

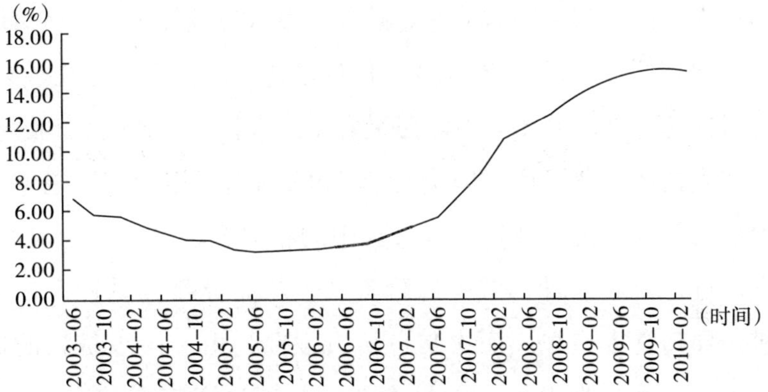

图5－1　美国房贷违约率（次级贷款）变动情况

次级贷款将房地产市场与信贷市场紧密联系在了一起，从而出现了由房地产市场向信贷市场的危机传导。在房价上升的情况下，次贷还款压力上升，借款人还可以在房屋再抵押市场上通过申请房屋重新贷款，借新还旧，而在房地产市场泡沫破裂、房价下跌的情况下，新的抵押贷款则很有可能出现无法支付旧账的情况，从而不可避免地出现贷款违约的问题。利率的上升和房价的下跌，导致2006年以来借款人借新还旧从而避免违约的能力迅速下降，大量违约出现，导致了美国按揭贷款机构的不良贷款率和坏账率持续上升。而这些按揭贷款机构多以自身的资产为抵押向大型金融机构借入资金，其自身资产质量的恶化直接导致了其融资困难，出现资金链的断裂，乃至倒闭。而同时出现大面积倒闭的也包括因次级贷款业务蒙受巨额亏损的商业银行，恐慌情绪蔓延，信贷市场遭受沉重打击，次贷危机爆发。

需要注意的是，美国各金融机构为提高其资金流动性，对房屋抵押贷款进行了证券化操作，发售 MBS 房贷抵押证券和担保债务凭证（Collateralized Debt Obligation，CDO），并被美国各大金融机构买入。其中，信用等级较高的 MBS 被以追求稳健收益为目标的养老基金公司、保险公司、商业银行和对冲基金所购买，而信用等级较低的 CDO 则为追求高风险收益的对冲基金购买。在次贷危机中，作为 CDO 资产基础的次贷的折损，导致 CDO 的价值极速下降，进而导致持有这些产品的对冲基金大量倒闭。市场恐慌之中，人们对 MBS 等产品的信用也开始产生担忧，从而使风险向持有 MBS 的商业银行、养老基金公司、保险公司等金融机构蔓延。涉入其中的相关金融机构开始对涉及次贷的资产进行资产减计，减少风险资产，从而导致金融资产市值缩水，危机传导到资本市场。而次贷危机爆发前，由于次级贷款的低违约、高回报的特性，吸引了一大批商业银行通过资产支持商业票据融资购买。

在金融危机愈演愈烈的情况下，美国政府被迫出手救市。而伴随着美国政府救市行动出现的是美国政府债务的急剧上升，为美国出现债务危机埋下了伏笔。2008 年，美国赤字额达到 4585.5 亿美元，是 2007 年赤字额的将近三倍，而在随后的几年中，财政赤字不断攀升。从美国外债占 GDP 的比重来看，2007 年猛增十多个百分点，突破 90%，达到 91.4%；随后几年中这一比率持续上升，最高一度达到 98.04%，远远高于 60% 的警戒线（见表 5－1）。政府债务上升还使金融危机后美国实体经济呈现萎靡状态，在众多制造业企业破产的情况下，实体经济恢复十分迟缓。在债务总量上升，而国内经济疲软、财政收入减少的情况下，美国债务的违约风险被放大。

表 5－1　2003—2011 年美国财政状况

年份	赤字（十亿美元）	赤字占 GDP 比重（%）	外债总额（百万美元）	外债占 GDP 比重（%）
2003	377. 59	3. 33	6946289	58. 77
2004	412. 73	3. 41	8353479	66. 49
2005	318. 35	2. 47	9476403	70. 81
2006	248. 18	1. 81	11204108	79. 64
2007	160. 70	1. 12	13427103	91. 40
2008	458. 55	3. 11	13749570	94. 52
2009	1412. 69	9. 80	13661791	93. 80
2010	1294. 37	8. 75	14516454	95. 30
2011	1299. 59	8. 45	15508155	98. 04
2012	1086. 96	6. 75	15929968	97. 01
2013	680. 25	4. 09	16510556	96. 61

在债务违约风险放大的情况下，两党在债务上限问题上的僵持直接导致了美国信用评级的下调。一方面，美国联邦债务余额不断扩大，2010 年底已经超过 14 万亿美元；另一方面，美国国会迟迟不能就提高债务上限的问题达成一致。面对这种情况，美国政府不得不采取一些紧急措施以维持借债能力，但这最多只能将美国支付开支延迟到 2013 年 8 月 2 日。若到 2013 年 8 月 2 日，债务上限仍然未被提高或政府未能削减开支，就会开始出现无法偿还债券本金利息的情况，爆发债务危机。经过数月的谈判，两党达成协议，于 2011 年 8 月 2 日上调债务上限至少 2. 2 万亿美元（见图 5－2），而与此同时政府削减 2. 5 万亿美元的开支。但由于政治决策的不确定性，美国的长期主权信用评级依然被国际评级机构标准普尔从 AAA 级下调至 AA＋级，评级展望为负面。美国第一次失去了 AAA 级主权信用评级。从历史上来看，美国债务触顶问题已经成为一个周期性事件，每一次触顶都伴随着两党的对峙和评级机构的警告。不断扩大的美国债务的危机之弦周期性

地绷紧，一旦出现断裂，对世界产生的影响或将不可估量。

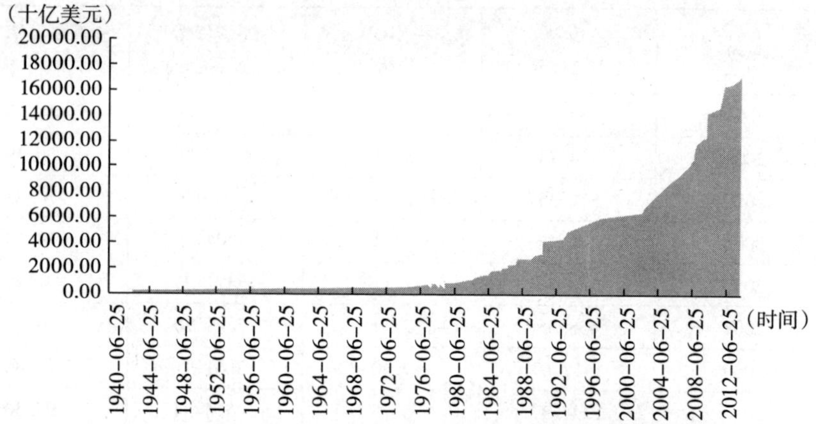

图5-2　20世纪40年代以来美国联邦债务法定上限上调趋势

总的来说，美债问题虽然早已存在，但本次由美国次贷危机引发的金融危机确实成为美国债务飙升并走向债务危机的推手。这是一场起始于第一层级自身的内生危机，而由于第一层级在国际经济体系中的重要地位和作用，其危机的发展变化情况将对全球经济产生不可估量的影响。

二、美国债务危机对未来世界经济的潜在传导可能

尽管美国债务并没有出现实质性的违约，但仍然对世界经济产生并将要产生众多不利影响。仅就美国主权信用评级遭到下调的事件来看，债务危机就已经从市场心理渠道迅速传导。首先表现为降级后的第一个交易日全球股市的暴跌。美国标准普尔指数单日跌幅达到6.66%，是金融危机爆发后的单日跌幅之最。

美国债务危机对世界各国经济的一个潜在传导路径是贸易渠道，表现为对美出口的困难加剧。这种困难来自两个方面，其中最重要的是美元的贬值。与其他国家一样，债务危机将使美元出现大幅贬值，

虽然长期以来，美国在世界经济领域的称霸，导致人们对美元拥有强大信心，但从本次危机中就可以看到，美元和美元资产一样避免不了被抛售而贬值的命运，黄金等安全资产价格上扬就是一个很好的证明，投资者的避险需求将引发美元的贬值。而由于美元的霸权地位，债务以美元计价，也使美国试图采取量化宽松的货币政策，以发行货币来偿还债务。货币供应量的增多，稀释了债务，也降低了币值，而投资者在预期到美元贬值的情况下，将有更大的动机抛出美元，从而引发美元的进一步贬值。同样地，美国经济迟迟无法复苏的窘境，也导致了美国对进口需求的萎缩。在美国需求萎缩和货币贬值的影响下，各国经济或将受到波及，尤其是那些出口导向的新兴经济体国家，将更加强烈地感受到出口困难的增加。与欧债危机的影响一样，这些国家的出口乏力将逐渐耗竭其外汇储备，如果长期不能改变这种情况，这些国家的主权债务危机发生的风险或将增大。

资产渠道也是一个重要的潜在传导路径。作为世界最发达的国家，美国向其他国家进行了大量投资，其中主要是制造业企业的对外投资。在美国债务危机发生后，美国国内制造业受到重创，一方面，经济低迷和经济投资环境恶化的情况持续存在；另一方面，美债评级下调导致作为无风险利率的美国国债利率上升，从而抬升了贷款利率。这些将使美国本土制造业企业面临大规模的债务欠款和更加沉重的债务负担，从而导致其流动性出现不足，部分跨国制造业企业会通过撤回国外投资的方式，来弥补国内损失和紧缺的流动性。同样地，出于对这些国家受到危机波及的风险预期，国际游资也很有可能流出，从而导致这些国家经济基本面出现问题，以致出现主权债务违约率上升的情况。

美债危机发生之前，由于美债较高的信誉和美国强大的经济实力，美债被视为很好的保值和投资工具。各国银行将美债视为安全资产而大量储备。美债危机的发生，将导致这些资产出现潜在的违约风险，从而使各国银行减少贷款规模，进而导致与其有着信贷往来的国家存在流动性不足的危险，实现危机的传导。

另外一个可能的传导渠道是债权—债务人渠道。一旦美国出现偿付危机，其债权人将受到极大损失，尤其是位居美国债权人前几位的中国、日本、英国、巴西等国，债务违约将对这些国家银行业乃至实体经济造成打击。尽管从现在来看，美债的偿付危机短期内还不会发生，但这个渠道的危机扩散将是快速和致命的。

从这些潜在的传导渠道来看，心理预期因素的传导最为激烈，但更大的影响或许会通过传导稍慢的贸易渠道实现。共同贷款人渠道和债权—债务人渠道的机制生效与否，取决于美国的偿付危机是否出现，但这也是潜在实现危机传导的重要途径。

美债危机在一定程度上受到美国政治决策机制带来的市场预期的影响。从当前的形势来看，美国并没有出现实质性的偿付困难。标普等国际评级机构对美国主权信用评级的降低，或许在一定程度上可以起到敦促美国改善政府决策和加速财政整固的作用，从而降低美国出现债务危机的可能性。

第二节

欧洲债务危机：从第二层级向第一层级和第三层级的传导

2009年，全球经济在刚从美国次贷危机的阴影之中缓慢复苏之时，却又陷入了欧洲主权债务危机之中。从希腊迅速扩散至爱尔兰、葡萄牙、西班牙和意大利等国的欧债危机一方面冲击着欧盟核心国的经济，也对世界经济产生着不同程度的影响。

一、第一层级金融危机的余震：欧洲债务危机的爆发

爆发于2007年由美国次贷危机引发的金融危机，对世界各国的经济和金融系统造成了巨大冲击。这场来自第一层级的金融地震之后，各国余震不断，而体现在欧洲，则是正轰轰烈烈上演着的欧洲主权债务危机。本部分将着重分析债务危机在希腊和爱尔兰的爆发过程，并着重考察从次贷危机向债务危机的传导渠道。

与拉美债务危机的爆发类似，欧洲债务危机的爆发也存在着危机国共同的历史原因或者其自身经济的“体质因素”。从历史上看，部分欧盟成员国，尤其是包括希腊在内的欧元区边缘国家，长期存在财政赤字和公共债务管理不善的情况。就希腊来说，20世纪90年代希腊的财政赤字占GDP的比重一直较高（10%），公共债务占GDP的比重则超过100%，而为加入欧元区而出现的财政赤字和公共债务情况

突然转好的情况，也于2004年被证明是对真实财政赤字和公共债务情况的粉饰和隐瞒。而其他欧元区边缘国家的财政赤字占比和公共债务占比，也长期高于欧盟《稳定与增长公约》中规定的3%和60%的警戒线（见图5－3～图5－4）。

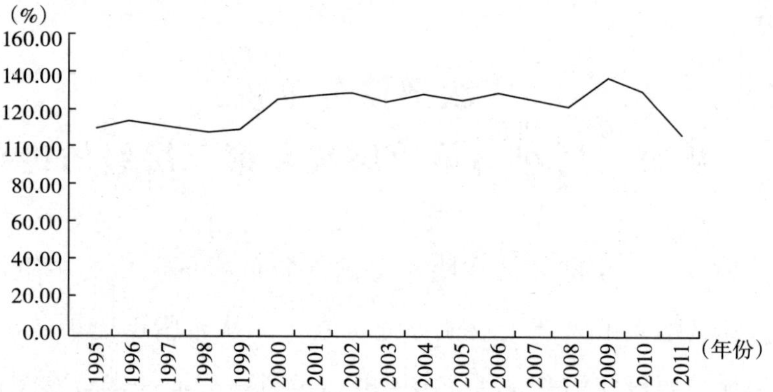

图5－3　希腊中央政府债务总额占GDP比重的变化

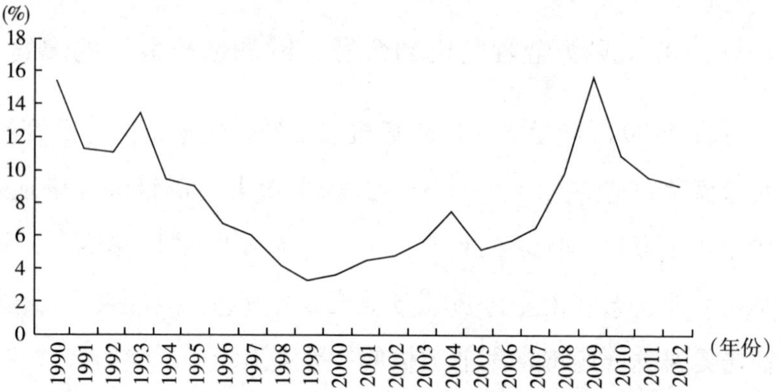

图5－4　20世纪90年代以来希腊财政赤字占GDP比重的变化

欧盟国家的长期财政赤字和公共债务问题很大一部分来自其高社会福利的政策，其福利制度甚至存在很大问题，导致其福利开支过大。例如，希腊的养老金就一直维持在较高水平，且未婚女儿可以继承已故公务员父母的养老金，而养老金又超过其工资水平，从而导致希腊女性不愿结婚，降低了希腊生育率，加重人口的老龄化和养老福利开支。这种巨额的福利开支使欧盟各国背负上了沉重的财政负担，也一定程度上助推了债务危机的发生。事实上，加入欧元区也在一定程度上助长了边缘国家的财政赤字问题。最重要的一个机制体现在利率水平上。以希腊为例，加入欧元区前，希腊的利率水平长期维持在高位；1994 年德拉马克受到投机者攻击时，希腊央行甚至一度将利率水平提高到 500%；1997 年热钱冲击时，利率也曾达到过 150%。高利率水平意味着高融资成本，一定程度上约束了政府的举债行为。但加入欧元区则意味着希腊可以直接将其货币推向世界，并有着实力雄厚的核心国信用作为后盾。这些条件的改变导致包括希腊在内的边缘国家利率水平骤降。这些国家可以以德国等核心国的信用水平在国际上获得大量资金，家庭和银行也可以廉价借入贷款。例如，希腊 2001 年加入欧元区后金融市场开市第一天，希腊政府债券与德国政府债券的基差缩减到 55 个基点，即只需比德国政府债券利率高 0.55% 就可以融得资金。利率水平的骤降，导致资金大量流入希腊等边缘国，扩大了融资需求，助长了财政赤字，也导致了经济增长的泡沫。欧元区单一的低利率如同给边缘国家经济注射了一针兴奋剂，实现了短期的经济高速增长，但却对其本已虚弱的“体质”造成了进一步的破坏。

除去财政赤字和公共债务管理不善的问题，欧元区边缘国家也存在着与美国次贷危机爆发前类似的“危险因子”。我们将这些“危险因子”称为“共同因素”。这些“共同因素”的存在加剧了欧盟各国经济和金融的不稳定性，加大了被危机感染并爆发的可能性。一个明显的现象是：部分边缘国家房地产市场虚假繁荣，巨大的泡沫导致其在美国次贷危机的面前变得不堪一击。在 2004 年雅典奥运会的助推下，希腊在 1999 年至 2006 年间，房价增长 105%，其中雅典中心区涨幅更是高达 149.4%。而爱尔兰的房地产泡沫更加严重，房价在危机前十年上涨4倍以上，房地产业产值占GDP的比重更是从5%上升至10%。在这期间，爱尔兰银行业将房产视为可靠的担保品，甚至按照未来升值后的房价提供贷款，极大地提高了风险，也成为房地产泡沫化的重要推手。爱尔兰的家庭抵押贷款与平均工资收入的比值从1994年的1.5上升至2004年的5.5，住房抵押贷款占GDP的比重从2003年的40%上升至2007年的81%，而总人口只有400万的爱尔兰人到2006年拥有5万套空置房（见图5－5）。类似地，西班牙、意大利等欧盟国家也在不同程度上存在着房地产的泡沫问题。

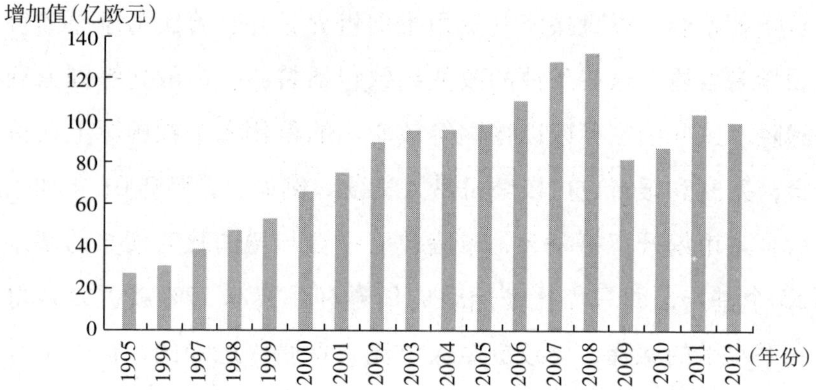

图5－5 爱尔兰房地产泡沫的膨胀与破灭

我们在美国金融危机的传导中看到，欧洲边缘国家经济的“体质因素”和“共同因素”的存在是极具危害性的。首先是来自“共同因素”的冲击，表现为希腊、爱尔兰等国房地产市场的虚假繁荣在2007年美国次贷危机影响下的幻灭。希腊的住房交易量自2007年第一季度开始下行，2008年金融危机爆发后更是严重滞销，房价下跌超过12%，严重威胁金融体系和实体经济；而爱尔兰的情况更加严重，2008年的金融危机导致其房价下跌36%，银行背负了天文数字的坏账损失。使欧洲银行业受到重创的另一个原因直接来自次贷。次贷危机爆发前，美国次贷市场的高回报率大大吸引了国外资本的流入，这其中就包括了欧洲资本。

房地产泡沫的破灭和银行业体系遭受的重创，以及出于经济衰退的担忧，欧洲各国政府不得不出手救市。背负着长期巨额经常项目赤字和高昂社会福利支出的各边缘国政府早已不堪重负，出现巨大的融资需求。而欧元区统一的货币政策意味着各国无法通过发行货币来弥补赤字、转嫁和分散危机，而只能通过各自的财政政策发行债券融资；又由于国内较低的储蓄率，边缘国家的大部分融资需求只能通过举借外债来满足。在巨大融资需求的驱使下，加之美国次贷危机导致经济运行系统性风险上升的季风效应，各国面临的是更加高昂的融资利率，房地产业泡沫的破裂引发银行业的危机，银行业的危机又传递到实体经济，实体经济的不景气导致这些国家财政收入降低、财力受限，偿债能力出现下降。事实上，边缘国政府不断积累加重的债务负担和堪忧的偿债能力开始导致市场信心的下滑，出现抛售边缘国家债务的情况，对其债券需求不断下降，而融资利率则不断飙升。高昂的融资成本使其新债难借，而新债借入的困难和本身偿债能力的下降，又使其旧债难还。

2009 年 12 月，希腊负债总额达到 3000 亿欧元，随之而来的是标准普尔、惠誉和穆迪相继下调对希腊主权信用的评级。市场信心下滑，希腊政府的借贷成本大大上升，举债困难。2010 年，希腊进入偿还债务的集中时期，希腊政府的资金需求缺口达到 540 亿欧元之巨，希腊债务危机正式爆发。爱尔兰政府也于 2010 年 9 月宣布，预计 2010 年财政赤字会升至 GDP 的 32%。同年 11 月，爱尔兰向欧盟和国际货币基金组织请求提供帮助，爱尔兰正式陷入债务危机。

由此可以看到，欧债危机经历了一个美国次贷危机的传导过程。这个传导最早来自房地产市场的共同因素冲击，使危机蔓延到银行业，并迫使本来就已严重赤字的政府做出救市的举动。而救市导致政府的

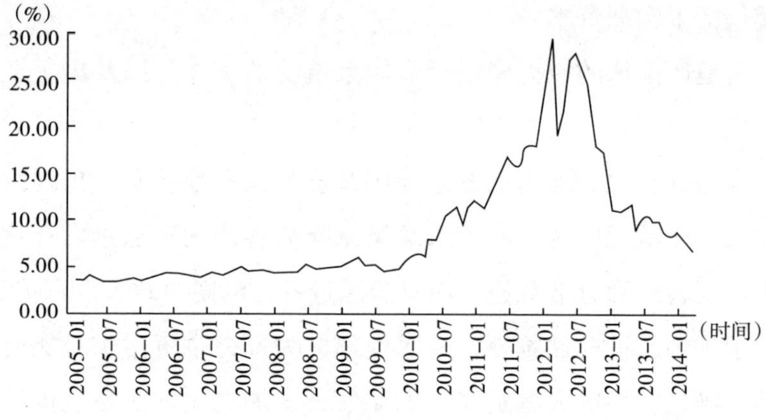

图5-6　希腊长期国债收益率在危机中的急剧上扬

债务负担加重和市场对主权债务信心的下滑，最终引发了债务危机（见图5-7）。无论是希腊，还是爱尔兰，这个传导过程都极其相似。

二、第二层级国家间债务危机的相互传染

债务危机在希腊和爱尔兰相继爆发后，开始迅速地在第二层级的欧洲各国间传导，葡萄牙成为希腊和爱尔兰之后首个向欧盟寻求帮助的国家。情况本就已不容乐观的西班牙和意大利承受了巨大压力，并先后向国际货币基金组织求助，陷入债务危机（见图5-7）。而与此同时，债务危机也对德国、法国等造成了巨大冲击，在一定程度上影响了欧债危机的救助进程。

欧债危机在第二层级国家间的互相传染中，债权—债务人之间的危机传染渠道发挥了重要影响。欧元区形成以来，核心国对边缘国家的债券持有量急剧增加，从而导致欧元区内金融体系的相互关联性和脆弱性不断加强。其中欧洲银行业对葡萄牙的债权占到该国银行业债务的96.2%，对希腊、意大利、西班牙和爱尔兰的债权分别占各国银行业债务的93.5%、90.4%、89.2%和81.7%。在首先爆发的希腊债务危机中可以看到，作为希腊主要债权人的欧洲各银行机构和养老基

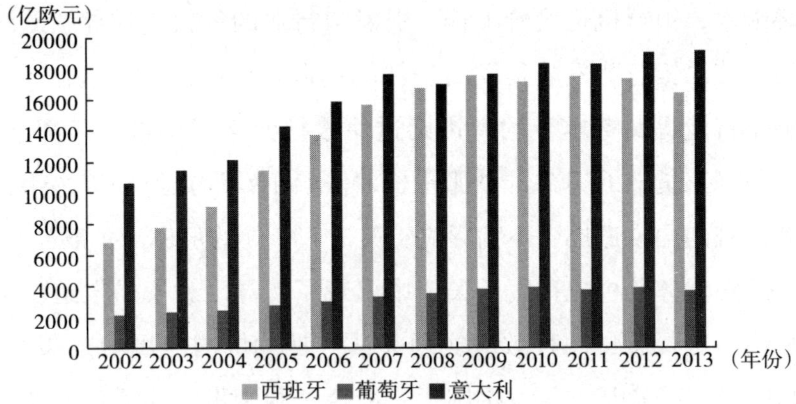

图 5－7　西班牙、葡萄牙和意大利外债总额增长情况

金受到了沉重打击。而西班牙、意大利作为希腊、爱尔兰和葡萄牙等国的主要债权人（分别居第三、第四位），在这三个国家主权债务危机爆发后，蒙受了巨额损失，最终通过债券—债务人渠道受到危机感染，相继陷入主权债务危机。而法国和德国由于对“欧猪五国”的风险敞口居前两位，分别达到 6464.9 亿美元和 5327.3 亿美元，分别占“欧猪五国”债务的 27.1% 和 22.3%，其银行业和实体经济也受到了“欧猪五国”牵连，法国银行的未收回资产达到 GDP 的 66%，德国银行的未收回资产达到 GDP 的 32%。这极大削弱了这两个欧元区强国的经济实力，对欧债危机的救助进程造成了不利影响。同样地，作为主要危机爆发国的“欧猪五国”的银行业同时持有土耳其、罗马尼亚、保加利亚和塞尔维亚等国的债权，分别占这些东南欧国家债务余额的 22.8%、32.1%、62.8% 和 55.5%。危机爆发后，“欧猪五国”银行业的收缩也对这些东南欧国家的经济产生重大影响。

共同贷款人渠道在本次债务危机之中也产生了一定影响。需要注意的是，美国次贷危机爆发之初，欧洲各国银行在次贷头寸受到重大损失的同时，将大量资产购入当时视为安全资产的欧债，以规避风险。而在欧债危机之下，这些债券转变为毒药，持有这些债券的银行资产大幅缩水，银行机构股价下挫，引发银行业的危机。这导致欧洲银行业乃至美国银行业发放贷款的条件都变得更加严格，而监管部门要求欧洲银行业提高资本金的举措则迫使银行业不得不进一步削减房贷。对其他国家贷款的削减，对那些长期依赖于欧洲银行和美国银行融资发展经济的国家造成了不利影响，又进一步导致危机的扩散。

欧洲债务危机也在贸易渠道中出现了传导。就贸易渠道的危机传导来说，主要通过两种效应实现：其一是危机国居民的购买力下降，进口需求下降；其二是危机国货币贬值，利于出口而不利进口。这两种效应将导致以这些危机国为主要出口源的国家对外贸易利益受到损害，外汇储备减少，从而削弱其偿债能力，出现爆发主权债务危机的危险。从“欧猪五国”的产品进口来源来看，欧盟国家的占比均在50%以上，葡萄牙和爱尔兰更是分别达到70%和60%以上。而这些国家债务危机后出现进口锐减的情况，将会把危机传导到其他欧盟国家，增加在其他国家爆发主权债务危机的可能性。

在第二层级国家间的债务危机传导中不可忽视的一个现象是市场信心的下滑乃至崩溃，在一定程度上导致了危机的迅速扩散。希腊主权债务危机爆发后，除了抛售希腊主权债务之外，出于对“欧猪五国”持续增长的债务和不断下降的偿债能力的担忧，投资者也对这些国家的主权债务进行了抛售。这可以理解为投资者试图重新调整风险资产比例，但这种抛售的后果是这些国家的融资成本急剧上升，从而导致其主权债务危机爆发的可能性被放大。这种心理预期渠道上的传导，表现为市场的恐慌和相关国家资产价格的同步下跌。

正是通过债权—债务人渠道、共同贷款人渠道、贸易渠道和心理渠道等渠道，欧债危机从希腊、爱尔兰到葡萄牙、西班牙和意大利，又影响到了欧元区最强的核心国家德国和法国。

三、债务危机的“慢热外溢”：下层级国家可能受到的波及

关于欧债危机的“慢热外溢”问题有待探讨。欧债危机是否会对下层级的国家产生影响，也成为学界广泛关注和研究的问题。这种外溢影响的主要对象是亚洲、东欧等新兴经济体国家。尽管并不会像第二层级的欧洲国家间危机传染那样的迅速狂热和令人心惊胆战，但是并不一定意味着这种“慢热外溢”后果的损害更小。下层级国家可能受到的波及应该主要来自贸易渠道。如前文所述的那样，一方面，欧洲各国在债务危机中所受到的打击，令其发生经济的衰退期，这种经济的衰退将极大减少其对来自亚洲、东欧等新兴经济体国家的产品需求；另一方面，在欧洲国家债务危机中出现的欧元贬值现象，也将对这些新兴经济体国家的出口造成很大的阻力，从而影响它们的对外贸易，并影响其实体经济的发展。

主要以出口为导向的亚洲国家虽然在危机的初期并未受到太大的影响，但终究逃脱不了西方经济衰退带来的打击，尤其是在其出口产品大部分为需求收入弹性高的制成品的情况下更是如此。经济结构单一、过度依赖商品或劳务输出的新兴经济体国家可能会经历一段时间的贸易萎缩，经济下滑，且外汇储备逐渐耗竭，财政状况逐渐恶化的。这个时间的长短和在这段时间中所仍需承受的经济损失，将在很大程度上取决于欧洲等西方国家的经济恢复速度，当然也取决于其经济转型的决心。如果这个时间足够长，这些新兴经济体国家将不可避免地面临不断加大的债务偿付压力，并极有可能出现主权债务违约率上升的情况。这就完成了债务危机以“慢热外溢”方式进行的传导。这是位于下层级的国家可能受到的波及，这一切可能正在或将要以细微的方式发生，时间会给予我们一个答案。

第三节

拉美债务危机：主权债务危机在第三层级的“共振”研究

20 世纪 80 年代拉美地区陷入了主权债务危机，这一危机最先出现在墨西哥等国家，后又通过各种渠道扩散传染至巴西等国。

一、上层级国家形势变化对下层级国家的冲击后果

20 世纪 70 年代初，初步陷入经济“滞胀”泥潭的欧美国家，其国内经济政策遵循着凯恩斯主义“相机抉择”原则而摇摆不定，尤其是货币政策的调整极为频繁，市场利率波动较大，但相比拉美国家，其利率依然保持在相对较低的水平。出于追逐高利润的动机，国际资本从欧美地区流出，转而流向拉美国家。而与此同时，布雷顿森林体系的崩溃、固定汇率制度的打破、浮动利率制度的建立和金融自由化水平的提高，进一步增加了国际资本的规模和流动的频率。欧美国家国内经济和国际形势的变化成了推动资本大量流入拉美国家的外部因素，也为拉美国家债务危机的爆发埋下了伏笔。

而处于经济起步阶段的拉美国家出于对经济迅速发展的迫切渴望，在债券的廉价成本的诱惑下，大规模地举借外债，以扩大投资规模，加快资本的积累。在 1970—1976 年的埃切维里亚政府时期增长 5 倍，在 1976—1982 年的波蒂略政府时期增长 2 倍，债务总额从 1970 年的

将近50亿美元增长至1982年的876亿美元，占当年国民生产总值的53%，严重超出国际公认的临界线5%～20%，偿债率（外债还本付息额占本国商品劳务出口额）达到75%，也达到国际公认临界线20%～25%的三倍之多①。从墨西哥20世纪70年代的经济数据来看，其年均经济增长率达到6.5%，1978—1981年的“石油繁荣”时期，其经济增长率更是分别达到了8.2%、9.2%、8.3%和8.1%。但这种建立在债务基础上的增长被事实证明是有风险和不可持续的，在国际形势的骤变之下，墨西哥在1982年出现经济负增长，增长率猛跌至-0.6%（见图5-8）。

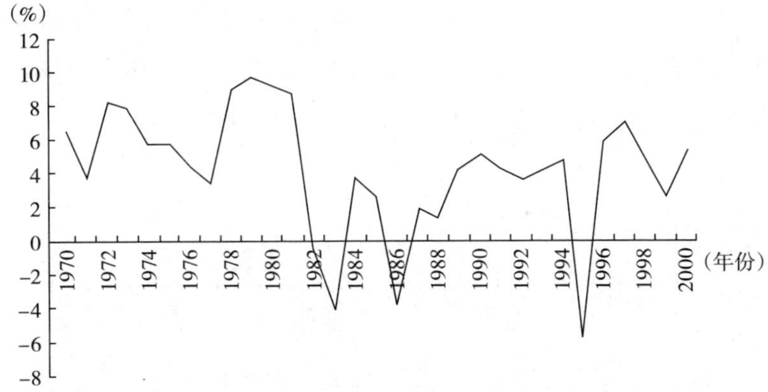

图5-8　20世纪70—80年代墨西哥经济的高速增长和急剧下滑

墨西哥情况的急转直下与国际经济形势骤变有着极大联系。例如，就货币政策来说，绝大多数西方国家开始从利率目标制转向货币供应量目标制，彻底放弃原先一直秉承的利率中介目标。这一政策转变的代价，是西方各国国内利率的急速飙升，而这对背负巨额外债的拉美国家则是一记重击：一方面，国际资本出现突然转向，纷纷撤出拉美各国，转向利率更高更加有利可图的欧美各国，拉美各国的外汇储备

① 《德拉马德里总统第三次政府报告》，第31页。

在短时间内被大量消耗；另一方面，西方各国利率高企，导致包括墨西哥在内的拉美各国融资成本急剧上升，本来就已不轻的债务负担进一步加重。

这种世界经济不景气的情况对以出口初级产品为主的拉美国家的对外贸易造成了冲击。例如，20 世纪 80 年代初的初级产品价格，如咖啡豆和铜的价格下降，使巴西和智利的出口蒙受巨大损失。就墨西哥的对外贸易情况来说，20 世纪 80 年代初国际石油市场情况的恶化，对其石油出口造成了沉重打击。作为世界第四大产油国，墨西哥出口贸易额中七成来自石油出口，1982 年石油市场的恶化迫使其两次削减石油出口价格。为弥补出口萎缩、贸易顺差减少带来的国际收支缺口，包括墨西哥在内的拉美各国政府只能举借外债。这种对外贸易条件的恶化，事实上也削弱了其偿付债务的能力（见图 5 - 9）。

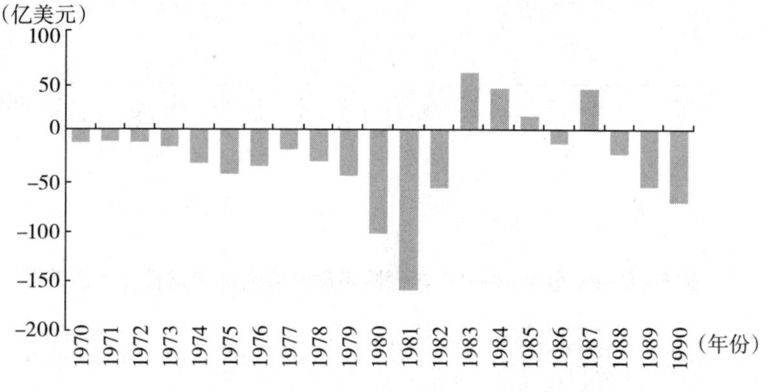

图 5 - 9　20 世纪 70—80 年代墨西哥经常账户余额

为应对对外贸易不景气的情况，包括墨西哥在内的拉美国家抛出了庞大的经济刺激计划，例如，墨西哥政府就在《1977—1982 年的发展计划》中将公共投资的年均增长率目标设定为 14%。但事后来看，这些包括了投资计划在内的经济刺激计划反而在债务问题上火上浇油。一方面，巨额投资计划超出了政府财政负担能力，在国内储蓄率较低的情况下，只能进一步举借外债，加重债务负担，而这些借入的资金又多投向周期长见效慢的大型工程项目，多数项目不能按计划完成或经济效益不高；另一方面，国家财政赤字的不断扩大促使政府采用超发货币的策略，导致恶性通货膨胀（见图5－10），实际利率下降，进一步加大了资本流出的可能。

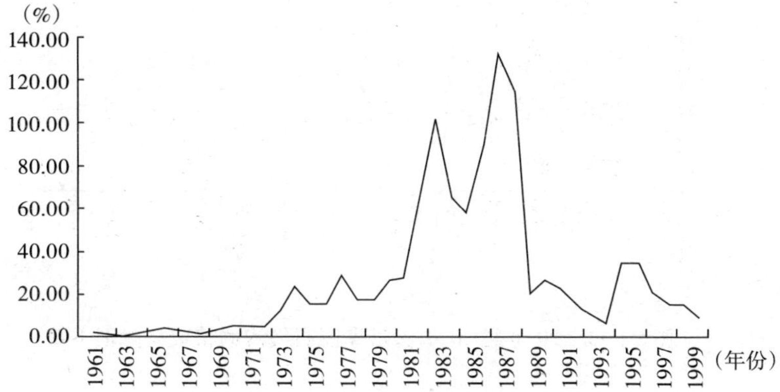

图5－10　20世纪80年代墨西哥恶性通货膨胀

在多重因素的作用下，1982年墨西哥财政部长致电美国总统里根等，宣布墨西哥外汇储备已经用罄，无力偿还债务。这预示着墨西哥以支付危机为爆发点陷入债务危机，也预示着拉美债务危机正式拉开序幕。如上文所述，墨西哥债务危机的爆发首先根植于其自身大量举借外债所埋下的隐患，而诱因则是上层级国家经济金融环境和经济政策上的巨大变化。这些巨大变化，从资本市场和对外贸易两大通道传导至以墨西哥为首的拉美国家，成为冲垮筑于高高债台上的拉美经济的罪魁祸首。

二、经由上层级国家的债务危机传染扩散渠道

从当时看来，从墨西哥到其他拉美国家的危机传染机制主要表现为经由美国等上层级国家的危机传导。当然，这种危机的传导也与其

他拉美国家脆弱的"体质"相关。本部分将以墨西哥到巴西的危机传导为例，对拉美债务危机的传染机制做出说明。20 世纪 70 年代以来巴西经济发展趋势见图 5－11。

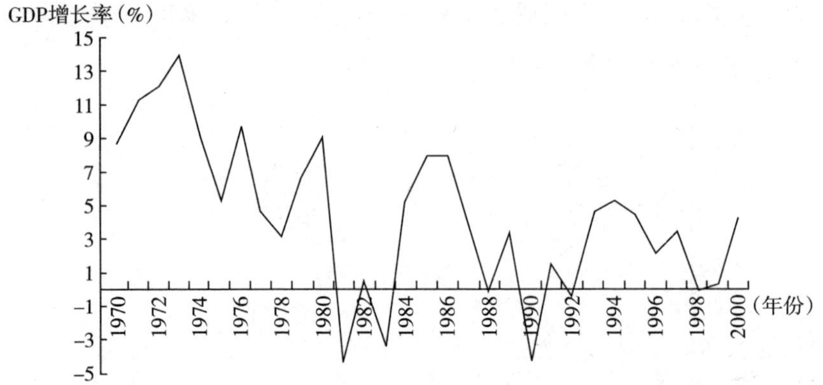

图 5－11　20 世纪 70 年代以来巴西经济的繁荣与急剧下降

作为 80% 的石油需求都依赖进口的国家，在 1973—1974 年石油价格猛翻 4 倍的情况下，巴西石油进口成本剧烈飙升，对外贸易迅速由原本的略有盈余转变为巨额赤字，而国内工业经济也由此受到沉重打击。1974 年就任巴西总统的盖泽尔认为，巴西经济的衰退是难以接受的，经济的高速增长必须被维持下去。1975 年，盖泽尔政府通过《第二个国家发展计划：1975—1979》。在进口石油成本高涨的情况下，维持巴西经济的高速增长就意味着动用外汇储备和举借外债。通过举借外债来获得资金，用以支付其石油进口、国内工业生产和"第二个国家发展计划"所确立的巨额投资计划。就此，巴西正式走上与墨西哥类似的"负债增长"战略。而 20 世纪 70 年代初西方各国的低利率也自然地增加了巴西的国际资本流入。

在这种战略下，1974 年至 1983 年间，巴西的外债总额从 171 亿美元上升至 919 亿美元，翻了 5 倍之多（见图 5－12）。而从巴西外债清偿能力来看，1982 年巴西外债总额占国内生产总值的 29.4%，而偿债

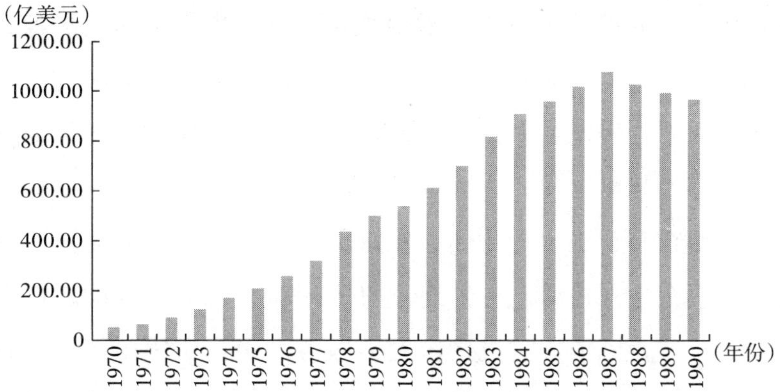

图 5－12　20 世纪 70—80 年代巴西外债总额增长情况

率（外债还本付息额占本国商品劳务出口额）达到 97%，比墨西哥 1982 年的偿债率问题更为严重，也同时达到了巴西债务清偿史上的最高值。一方面，若是出现大量贷款减少或停止的情况，将对巴西造成巨大打击；另一方面，巴西所举借的外债利率多与伦敦和纽约市场利率挂钩，从而使未来的债务负担难以预测。首先，欧美国家的紧缩货币政策使其市场利率迅速上升，例如 1981 年欧洲和纽约的基本利率就高于 16%，绝大多数债务都建立在浮动利率基础之上的巴西不得不承受更加沉重的债务负担，也使其举借新的外债面临着更加高昂的代价；其次，政府为对抗通胀而提高国内利率的政策，刺激了私人部门进一步对外举债，而公共部门为偿还外债也被用来作为得到外国贷款的中介，巴西的债务负担持续增加。这种情况持续到 1982 年，出口增长的停滞加上中央银行外汇储备水平的急剧下降，巴西开始面临严重的对外支付危机。

1982 年巴西宣布停止为外债支付本息的行为，对包括美国在内的墨西哥等拉美国家造成了巨大冲击。在冷战背景下，出于国家战略考虑，为大力扶植亲美的拉美国家，美国金融机构曾大量购入包括墨西哥在内的拉美国家债券。这些拉美国家在负债后经济增长的出色表现，也使这些国家的债券收益高于平均收益，进一步鼓舞了美国各金融机构的放债热情。而在墨西哥发生支付危机，其他拉美国家也面临支付困难的情况下，美国各大银行出现了大量的呆账坏账，直接威胁到了其自身生存，甚至出现了资金链断裂的情况。在本次美国银行业危机中，汉华银行和化工银行倒闭，花旗集团、摩根大通和美国银行岌岌可危，徘徊在生死边缘，并最终不得不依靠大规模的救助、重组和并购生存下来。受到债务危机冲击的美国各大银行自然而然地开始收缩贷款，这就导致墨西哥的债务危机通过共同贷款人渠道扩散开来。

就巴西的情况来说，形势的变化导致巴西的债务问题进一步恶化，在借贷无门的情况下，巴西不得不求助于国际货币基金组织，并以严格的紧缩财政政策为代价获得贷款。而仅仅几个月后，国际货币基金组织就以巴西未能把公共赤字控制在规定范围内为由，停止发放第二笔 4 亿美元的贷款。在这一决定的影响下，国际金融界的各大银行也纷纷停止发放已经商定的贷款。在偿付危机的冲击下，巴西政府尽管多次承诺将遵守诺言偿还贷款，不惜以最高利率借新还旧，还是无法摆脱债务偿还上捉襟见肘的窘境。1987 年，巴西因外汇短缺，正式宣布决定停止偿还 680 亿美元债务利息，债务危机爆发。

从墨西哥到以巴西为首的拉美国家债务危机的传导，表现为墨西哥债务危机到美国银行业危机再到巴西债务危机的传导过程。下层级债务国的支付危机，冲击位于较高层级的债权国银行业，又由债权国银行业的贷款收缩和市场信心下降乃至崩溃，传导至下层级国家。当然在这一过程中，拉美国家的共同冲击因素（如举债发展经济的风险）作为危机滋生的土壤，也是重要的先决因素。拉美国家的债务危机也同样存在着“慢热外溢”的问题，主要体现为对外贸易的萎缩。拉美国家在债务危机中发生的货币贬值，导致针对拉美的出口难度加大，从长期来看，会对各国经济的发展造成一定影响。

第四节

俄罗斯债务问题：从高层级向低层级的传导

一、1998 年俄罗斯债务危机的内部原因分析

（一）俄罗斯不敌三次金融风波终至爆发债务危机

由于俄罗斯“休克疗法”的实施与自身种种问题的积累，加之东南亚金融危机对其的传导，导致俄罗斯的债务危机一触即发。俄罗斯央行采取的一系列救市措施并未挽回投资者的信心，致使 100 多亿美元的外资终归流出了俄罗斯；第二次风波的发生时间为 1998 年 5 月至 6 月两个月，由于俄罗斯严重的财政问题终于被暴露，加之俄罗斯杜马修法改变了外资持有俄罗斯公司股份的比例，进而引起了投资者们的恐慌，导致了这次金融风波的爆发。第三次危机是第二次危机的延续。第二次危机期间，基里延科政府推出的一系列金融稳定措施没能挽回投资者的悲观预期，反而使市场预期恶化，导致国际资本继续外逃，俄股市和卢布大跌。卢布兑美元汇率的浮动上限由 1:6.295 扩大到 1:9.5，贬值约 50%，之后 10 天内又进一步下跌至 1:21。资本市场的动荡引发了大量的商品抢购风潮与大量的银行挤兑现象，最终传导至实体经济，对其造成了严重的冲击，引发危机。三次金融风波的叠加终于导致俄罗斯债务危机爆发，同时也冲垮了基里延科政府，由于

政治因素的恶化，危机进一步加剧。

（二）俄罗斯债务危机爆发的直接原因与深层次原因

首先，究其原因，俄罗斯债务问题的根源是其从苏联期间遗留的大量外债，而休克疗法进程导致了政府偿债能力的恶化。

休克疗法带给俄罗斯灾难性的后果，在物价水平失控的同时，卢布面临着大幅的贬值，投资和居民实际收入更是双双下降，消费市场萎靡不振，俄罗斯经济进入长期衰退。可以看出，俄罗斯债务危机相对于其他国家的突出特点就是：俄罗斯实体经济的长期衰退对其债务问题产生了重要的推动作用。

其次，俄罗斯主权债务危机还可以在一定意义上被理解为财政危机恶化的后期产物。俄罗斯经济的衰退导致了大多数企业的利润下滑，从而导致国家的财政收入持续下滑，政府的赤字问题也应运而生，尤其是地方政府债务连年增加。再加上 20 世纪 90 年代俄罗斯各级政府之间的财权和事权划分混乱和不合理促使各级政府之间进行不必要的博弈，而这一博弈使债务问题加剧。基里延科政府上台时，俄罗斯的外债和内债合计竟高至不可想象的 2000 亿美元，仅 1998 年政府预算中的债务偿本付息额这一项就占到财政支出的 58%。面对高昂的债务负担，俄政府迫不得不借新还旧，从而使政府财政赤字的真实规模公之于众。

再次，1997 年，俄罗斯政局动荡使主权债务危机加深蔓延。

俄罗斯政府的危机应对措施缺乏明确的规划，偏离市场预期，再加上总统、政府和杜马之间的政治斗争，种种因素打击了投资者的信心，大量资金从俄罗斯撤离。

最后，深层次原因。

从深层来看，俄主权债务危机的根本原因是扭曲的经济结构。俄罗斯对外贸易额占到了 GDP 的 35%，70% 的国家外汇收入来自石油以及天然气的出口。这一结构决定了俄政府偿债能力与国际能源价格的波动具有高相关性。三次金融风波的深层次原因是货币主义政策的长期推行，进而导致生产萎缩与经济的虚弱发展，从而引起财政拮据，所以俄罗斯一直靠资源贸易和举借新债来维持。但从引发债务危机的直接可能的角度讲，三次危机稍有差别。第一次大波动主要是由外界因素引起，起源于东亚的金融危机，第二、第三次金融危机则主要是由于俄罗斯政府的政策失误。所以，俄罗斯只有通过改变其资源依赖型的经济结构（扭曲或称为畸形的经济结构）并不断发展其高技术的产业，才有利于国家从根本上克服债务危机的发生。

二、东南亚金融危机下俄罗斯的债务危机传导机制

1996 年，就在俄罗斯向全球开放本国的资本市场时，其国内资产价格尚处于历史的较低位点，由于资产价格的低估，大量外资涌入俄罗斯也顺理成章。

然而，繁荣无法掩盖潜在风险。俄罗斯的短期国债备受国际资本的喜爱，成为投资率最高的选项，这类国债收益率高而期限很短，一般不超过 4 个月，一旦俄国经济出现任何不良波动，国际资本便可以大肆撤离。但是 10 月危机蔓延至韩国时，俄罗斯市场首次发生连锁反应，由于来自韩国的资金在俄罗斯金融市场中占有一定的比重，当韩国国内发生金融危机时，韩国资金迅速从俄罗斯市场撤离，其他国外投资者也纷纷离场。

结果自 1997 年 10 月 28 日至 11 月 10 日，由于大量抛售股票，俄罗斯的股价平均降幅为 30%，债市和汇市也受此影响，遭受巨大损失。当时央行的救市措施虽然对国债的收益率产生了显著的影响，使其上升至 45%，但仍有 100 亿美元流出俄罗斯。自东南亚爆发金融危机后，俄罗斯也未能逃脱“世界之大势”。

三、俄罗斯债务危机对世界其他国家的传导

不得不说，俄罗斯债务危机的爆发肯定会对全球经济产生或多或少的影响，卢布的贬值和俄危机的大肆延伸，使美国股市和债市受累。而作为俄罗斯最大债权国，德国商业银行中的大量坏账由此失去了买单人。与俄罗斯具有高度经济依存性的独联体国家更是深受其害，单就货币币值而言，乌克兰货币贬值35%，白俄罗斯货币贬值达到70%。由于危机带来的恐慌心理更是导致了资金从发展中国家陆续撤离。

具体来看，由于从1997年7月直至1998年8月，新兴市场国家的资本市场几乎都相继出现了问题，国际投资者对新兴市场的可靠性与发展趋势产生怀疑，不得不通过大量撤资进行避险；规模性撤资造成连锁反应，反过来又加剧了新兴市场危机。东亚金融危机以来，俄罗斯受到波及后两周内，各发展中国家金融市场相继卷入。美国基金在俄罗斯的投资于8月17日汇市、股市大跌和国债停市中损失惨重。这种资本、经济相关性成为危机全球效应的最主要原因。危机不仅使对冲资金蒙受损失，还将其“暗箱”式的大规模资金操作方式暴露于众，更加剧了投资者对市场的担忧。作为俄罗斯最大的债权国，德国很快受到俄罗斯金融危机的波及，俄罗斯政府对德国的债务规模为750亿马克，以政府担保银行贷款为主。政府违约造成债市危机，进而经由德国传导到欧洲各经济体。

第六章　结　论

一、主要内容和结论

回首近三十年里全球有代表性的主权债务危机，从20世纪80年代初的拉美债务危机、1998年俄罗斯债务危机到2001年阿根廷债务危机，主权债务危机爆发后，都会出现主权信用破产、经济下行等一连串后果，并在长期影响一个国家的综合国力。例如，整个拉美地区面临的“失落的十年”，就是20世纪80年代初拉美债务危机的后果。而近期的希腊债务危机、欧债危机及美债危机似乎宣告了西方发达国家对主权债务危机“免疫”神话的破灭，学界又一次展开了对主权债务危机的研究。主权债务危机是金融危机的一种形式，其他的还包括货币危机、银行危机等。这些危机的起因和表现形式或有所不同，然而都具有一个共同点，那就是它们都发源于某一个市场，却发生了快速扩散，甚至传导到了规模和结构完全不同的其他市场，对一个区域甚至是全球经济产生了不可忽视的影响。这些现象的发生使得研究危机跨市场的传导机制变得十分必要。尤其次贷危机之后，从欧债危机、美债危机到中国当前的地方债务问题，全球处于一个主权债务危机频发的时期。大部分文献对于危机的研究往往局限于单一市场，美国的危机就研究美国，欧洲的危机就研究欧洲，或者将危机作为一个大背景来研究中国。孤立地研究单一市场容易使得研究本身不可避免地变成“管中窥豹”，只见一隅不见整体，忽视了危机动态演进和传导机制的重要性，使得研究结论呈现静态化和后顾性，亦即对过去的危机的解释似乎卓有成效，而对理解未来潜在的危机和其可能的演进及影响却并没有多大作用。

本书以动态和全面联系的眼光看待主权债务危机，建立统一框架，在全球视角下，研究债务危机的传导机制和相互关系，以一种有序的框架将全球国家分层，分层的依据主要是经济指标，目的是将基本面因素考虑到金融传导当中，并按照分层结果来重新观察主权债务危机的生成、传导和救助。可以看到，面对主权债务危机的群发性事实，每个层次对应主权债务危机的生成、传导和救助都有不同表现。同时可以看到，分层结果接近的国家之间呈现出较多共性，分层结果异化的国家之间呈现出较多特性。

第一部分划分主权经济地缘层级结构。为了揭示次贷危机和欧债危机之前各国的状况，我们依据数据的可得性，选取了如下指标：中央政府债务、赤字、经常项目盈余、外汇储备、FDI 占 GDP 比例、国家总储蓄率、证券业发展程度、银行系统发展程度、市场化程度与产权保护（专利发达程度）、劳动参与率、军事开支等反应国家实力和国际影响力的指标，对总共 151 个国家的 16 项指标的样本进行统计分类。通过聚类分析法，依据各国家和地区总得分计算出它们所属层级。根据聚类方法，以美英为代表的先进国家为第一层级，以“欧猪五国”为代表的债务危机发生国为第二层级，而以中国、俄罗斯为代表的“金砖国家”为第三层级。

基于这个划分，层级的划分代表了经济基本面因素在金融危机传导中的基础作用。不同层次国家的金融危机爆发原因、爆发方式、市场联动机制、引发效应均有所不同。由于金融地理层级不同，主权债务危机在不同国家发生的原因也不尽相同，其中债务危机的内生性和外生性起着重要作用。位于不同金融地理层级的国家由于其市场发育的程度、市场运作的方式不同，主权债务危机爆发的形式也各有不同。

对于第一金融地理层级的国家和第二金融地理层级的国家而言，主权债务危机以债务违约风险上升或技术性违约为主要形式。对于第三金融地理层级国家而言，主权债务危机以事实的主权债务无法清偿为主要形式。由于其经济的组织形式、市场的连接方式不同，主权债务危机发生时各市场的联动机制有所区别。最后，这样的区别与不同金融地理层级国家不同的经济金融特点相结合，使得主权债务危机在不同金融地理层级国家引发的效应不同。

第二部分分析主权债务危机跨国传导机制。传导理论的分析包括贸易、金融、预期等传导方式。一方面，本书与 BGG 等 DSGE 模型类似，仍然将资产价格作为危机传导的一个轴心机制。得出的基本结论是：当债权国的资产价格遭受负向冲击时，本国资本并不会发生资本外逃，而是大量从债务国返回。而债务国由于资产价格下降与资本流回债权国，其抵押约束收紧，投资不足，从而陷入“资产价格下降—难以再融资—难以再投资—资产价格进一步下降”的恶性循环，由此也反映出危机在国家间传导的一个基本情况：债权国和债务国虽然同时受到全球资产价格下降这一负向冲击，但危机从美国向其他国家传导时，债务国遭受了非对称的负向作用，即危机传导至债务国时效果被放大了。另一方面，本书沿用 Stockman 和 Svensson（1987）经典的两国贸易模型来探究贸易关系对于商业周期联动性以及危机传导的影响。

通过本书的两个理论模型研究可以发现，不管是从金融渠道（债务债权国模型）传递还是从贸易渠道（贸易伙伴国模型），危机传导的模式都可以与现实中危机从美国向全球其他国家扩散的现象相吻合。而且在两个传导渠道下，每一次危机传导都有可能扩大负向冲击的效果。关于这种扩大效应，本书把它当作一个乘数。这个乘数不仅可以与金融相关，也可以与贸易相关。在模型中两个国家受到同样危机冲击的条件下，乘数不同导致每个国家实际受到的负向影响大小和持续性不同。所以主权债务危机在国与国之间的传导效果是非对称的（Asymmetric）。简而言之，如果一个国家的债务状况本来就较差，对于其他国家的贸易依赖又很强，那么危机在传导到该国时，负向冲击效果会被放大数倍，使该国也跟着陷入主权债务危机。本书理论模型的分析结论具有很强的政策含义：每个国家都应当控制自身的财务状况，同时改善本国在世界产业链中的地位，避免因为自身的内力不足而难以抵挡危机冲击。

第三部分则是基于第一部分的分层划分以及第二部分传导理论，继续做实证分析，根据传导的路径，确定一些具体的影响变量。我们借鉴 Engle（2002）提出实证模型，即 DCC – GARCH 模型。针对实务领域简单模型精确性不足而复杂模型应用性不强的问题，动态条件相关性（DCC）估计在保留单变量 GARCH 的灵活性的同时，避免了如传统多变量的 GARCH 模型的复杂性。DCC 模型将条件相关性直接参数化，用两步来估计模型，即一系列单一变量 GARCH 估计值和相关性估计。相比多变量 GARCH 来说，这种方法拥有很明显的计算上的优势。因为在相关过程中需要估计的参数量独立于需要做相关估计的时间序列的量，所以我们能够很容易地计算出大型的相关性矩阵。以上的实证研究通过对第一层级国家（美国）、第二层级国家（“欧猪五国”）及第三层国家（“金砖四国”）主权债务危机对股票市场的自上而下的层级传导进行回归分析，得出了第一层国家主权债务危机不一定通过股票市场来传导，通过债券市场也可以传导到第二层国家。

具体来讲，本书的实证研究得到以下结论：

第一，债务危机期间“欧猪五国”对新兴市场国家股市表现的影响加强。所有新兴市场国家与欧债危机国家的股票市场相关性都是正的，同时危机前和危机后相关性水平相对较低，危机中相关性水平都有显著的提高。新兴市场国家按相关性水平可以划分为三个层级，其中巴西、俄罗斯、南非为第一层级，债务危机国家在危机中与这三个国家股票市场之间的相关性很高（普遍均高于0.5），市场危机传导效应比较明显。印度、印度尼西亚、韩国为第二层级，债务危机国家在危机中与这三个国家股票市场间的相关系数保持在0.3～0.5，危机传导效应相对较弱。最后是中国为第三层级，危机中相关系数值依旧维持在0.2左右的低位，危机传导效应在新兴市场国家中最弱。意大利、西班牙和爱尔兰是危机向新兴市场传导的主要路径，尽管希腊是与中国和韩国相关性最高的国家，但实际上相关性的绝对水平比较低，传导效应不明显，因此希腊债务危机对新兴市场国家的影响被部分夸大。

第二，新兴市场国家与欧债危机国家的国债收益市场相关性有正有负，相比股票市场的传导更复杂。国债市场与股票市场呈现出相反的规律，在欧债危机前的一段平稳期，部分债务危机国家对新兴市场国家的股市收益率有解释作用，但是在次贷危机和欧债危机中，解释作用减弱，在危机后的一段时间里，5个债务危机国家对新兴市场国家股市的解释力度逐渐增强。在次贷危机中，相关性水平整体比较弱，在欧债危机中，整体相关性水平显著提高。希腊、意大利是危机向新兴市场国债市场传导的主要路径。

第三，所有新兴市场国家与欧债危机国家的外汇市场相关性都是正的，同时危机前和危机后相关性水平相对较低，危机中相关性水平都有显著的提高。新兴市场国家中按相关性水平可以划分为三个层级，其中巴西、俄罗斯、南非为第一层级，债务危机国家在危机中与这三个国家外汇市场之间的相关性很高，市场危机传导效应比较明显。印度、印度尼西亚和韩国为第二层级，债务危机国家在危机中与这三个国家外汇市场间的相关系数较小，危机传导效应相对较弱。最后是中国为第三层级，危机中相关系数值很低，危机传导效应在新兴市场国家中最弱。

第四部分通过案例研究主权债务危机的扩散传导机制。我们重点分析了美债、欧债危机的发端和演化，第二层级国家间债务危机的相互传染，以及债务危机的慢热外溢，下层级国家可能受到的波及。以欧债危机的国际传导为例：一方面，欧洲陷入债务危机的国家的债权国首先受到波及，银行业出现大量呆账坏账；另一方面，由于美国金融危机初期，欧洲各国银行纷纷买入当时视为安全资产的欧债，在债务危机下化身“毒药”，导致了银行业的危机。银行业危机通过“共同贷款人渠道”开始“慢热外溢”，危机使银行计提大量坏账准备，削减贷款，这种削减包括对非危机国家贷款的削减，从而使未受到危机的国家也受到波及，因为它们有的也要借新还旧。最后是欧债、美债危机可能会对中国出现债务问题的传导和影响。由于欧美实体经济在危机中受到打击，出现经济衰退，从而在贸易渠道也出现“慢热外溢”，亚非拉国家因为其经济结构单一，过度依赖商品或劳务输出，而且出口大部分为需求收入弹性大的制成品，出口萎缩，这些国家的外汇储备会慢慢耗竭，财政状况出现恶化，从而导致债务偿付压力加大，其主权债务违约率上升。

我们通过对全球经济体的地缘结构进行分层，在此框架下从全局和动态的角度对近年来的几次严重危机在各层级之间的传导机制进行实证研究，填补国内文献在相关研究领域的空白，进一步扩展和深化国外相关实证研究的结论，构建一个全球市场危机传导机制的清晰轮廓，理解危机传导方向和程度的脉络，以期对未来潜在的危机传导以及其对中国的影响作出合理的预测，以借鉴指导可行的应对举措。这是本书对学术理论的核心贡献。

二、存在的不足

由于研究能力和数据可获得性的有限，本书还存在一些不足，体现在以下三方面：

第一，在经济全球化、金融自由化的大背景下，世界越来越成为一个相互联系的整体，各种因素间有着千丝万缕的联系，在繁杂的相互关系中，受能力和经验限制，对主权债务危机传导的主体、范围、路径、影响等分析可能不足。

第二，本书研究的风险传导机制涉及面较广，从实体到金融到预期等心理因素再到投机等扰动因素，这些因素彼此之间必然也存在较为复杂的风险联动机制，但考虑到若再纳入子因素的相互影响模型，整体分析模型会过于复杂，所以采取了相对简化的分析模型，仅考虑了子因素与危机传导的直接影响。

第三，主权债务危机虽然出现较早，但学界对危机数据的收集整理普遍起于 20 世纪 80 年代后，对更长期限数据的收集相对不足，同时不同学者对危机定义不同也使得现存的数据梳理口径不同，这都使得在行文逻辑及数据口径统一的前提下，可用的数据范围进一步缩窄，有待于进一步在数理层面进行更长期限及更多案例的挖掘。

对这些问题，笔者未来将进行深入研究。

参考文献

[1]巴曙松,矫静．亚洲债券基金的兴起及其发展:金融市场框架与研究综述[J].金融与经济,2006(1).

[2]保罗·萨缪尔森．经济学[M].北京:商务印书馆,1979.

[3]吴晓灵．我国外汇体制改革的进展:人民币实现从经常项目可兑换到资本项目可兑换[J].金融研究,1997(1):1－6.

[4]郑联盛,何德旭．美国金融危机与金融监管框架的反思[J].经济社会体制比较,2009(3).

[5]杨晓龙．基于技术效率视角的欧元区国家主权债务危机原因分析[J].国际金融研究,2012(12).

[6]朱民,边卫红．危机挑战政府——全球金融危机中的政府救市措施批判[J].国际金融研究,2009(2).

[7]司明,孙大超．发达国家主权债务危机成因分析及启示——基于贝叶斯模型平均方法的实证研究[J].中南财经政法大学学报,2013(4).

[8]朱青．欧元区财政政策的协调及其面临的挑战[J].吉林工商学院学报,2008(1).

[9]何帆．从金融危机到主权债务危机[J].国际经济评论,2010(3).

[10]丁纯．金融危机冲击下的欧洲经济:表现、成因与前景[J].欧洲研究,2010(4).

[11]宿玉海．欧猪五国主权债务危机:原因、影响与启示[J].宏观经济研究,2011(12).

[12]廖泽芳. 欧洲经济失衡模式及调整困境——基于超主权货币视角的分析[J]. 国际金融研究,2014(1).
[13]巴曙松,孙兴亮,顾磊. 主权 CDS 对欧元区主权债务危机的影响[J]. 国际金融研究,2012(7).
[14]谢世清. 主权信用违约互换的运作及启示[J]. 国际金融研究,2011(3).
[15]杨柳勇,周强. 资产证券化与金融危机的国际传染——一个理论模型及经验检验[J]. 国际金融研究,2012(12).
[16]李刚,潘浩敏,贾威. 金融危机传染路径的空间统计分析[J]. 统计研究,2009(12).
[17]冯芸,吴冲锋. 基于引导和互动性的传染检验[J]. 世界经济,2002(2).
[18]马君潞,吴蕾,靳晓. 美国危机向亚洲新兴市场传染过程中的多米诺效应研究[J]. 世界经济,2012(6).
[19]何德旭,郑联盛. 金融危机:演变、冲击与政府应对[J]. 世界经济,2009(9).
[20]朱波,范方志. 金融危机理论与模型综述[J]. 世界经济研究,2005(6).
[21]傅继军. 国家债务的经济影响[Z]. 中青年经济论坛,1989.
[22]傅雪莹,陈才. 世界金融地理层级性研究[J]. 地理科学,2011(12):1447-1453.
[23]贾康,赵全厚. 国债适度规模与我国国债的现实规模[J]. 经济研究,2000(10).
[24]刘亮. 美国次贷危机对欧洲主权债务危机的传导效应研究[J]. 国际金融,2011(424):60-64.
[25]尚洁,张欣曼. 次贷危机传导机制及其启示分析[J]. 现代商业,2010(12):95-97.

[26]杨宏斌. 次贷危机传导机制及银行危机防范探析[J]. 四川理工学院学报,2009,8(4):32 -35.

[27]易纲,樊纲,李岩. 关于中国经济增长与全要素生产率的理论思考[J]. 经济研究,2003(8).

[28]易纲,范敏. 人民币汇率的决定因素及走势分析[J]. 经济研究,1997(10).

[29]易纲,方星海. 东南亚国家和墨西哥金融危机对中国的启示[J]. 财贸经济,1998(1).

[30]A. Matuszyk and L. Thomas. The Evolution of Credit Bureaus in European Countries [J]. Journal of Financial Transformation, 2008 (23): 135 -144.

[31]Acemoglu Daron Politics and Economics in Weak and Strong States[J]. Journal of Monetary Economics,2005(52): 1199 -1226.

[32]Age Bakker,Bryan Chapple. Advanced Country Experiences with Capital Account Liberalization[M]. International Monetary Fund, 2002.

[33]Aït - Sahalia Y., Andritzky J., Jobst A., Nowak S. and Tamirisa N. Market Response to Policy Initiatives during the Global Financial Crisis [J]. Journal of International Economics, 87(1), 162 -177.

[34]Aloui R., Aïssa M. S. and Nguyen D. K. Global Financial Crisis, Extreme Interdependences, and Contagion Effects: The Role of Economic Structure[J]. Journal of Banking & Finance, 35(1):130 -141.

[35]Andrea Pescatori and Amadou N. R. SY. Are Debt Crises Adequately Defined[R]. IMF Stuff Paper,2007,54(2).

[36]Ang A., and Bekaert G. International Asset Allocation with Time - varying Correlations[R]. NBER Working Paper, w7056.

[37]Aydemir A. C. Risk Sharing and Counter - Cyclical Variation in Market Correlations[J]. Journal of Economic Dynamics and Control,32(10):

3084 – 3112.

[38] B. Holmström and J. Tirole. Financial Intermediation, Loanable Funds, and the Real Sector[J]. Quarterly Journal of Economics, 1997, 112(3): 663 – 691.

[39] B. S. Bernanke and A. S. Blinder. Credit, Money, and Aggregate Demand[J]. American Economic Review, 1988, 78(2): 435 – 439.

[40] B. S. Bernanke and M. Gertler. Agency Costs, Net Worth, and Business Fluctuations[J]. American Economic Review, 1989, 79(1): 14 – 31.

[41] B. S. Bernanke and M. Gertler. Inside the Black Box: The Credit Channel of Monetary Policy Transmission[J]. Journal of Economic Perspectives, 1995, 9(4): 27 – 48.

[42] Baber William R., Sen Pradyot K. The Political Process and the Use of Debt Financing by State Governments[J]. Public Choice, 1986, 48(3): 201 – 215.

[43] Baig T. and Ilan G. Financial Market Contagion in the Asian Crisis[R]. IMF Staff Papers, 1999(46): 167 – 95.

[44] Barro Robert J. Are Government Bonds Net Wealth[J]. Journal of Political Economy, 1974, 82(6): 1095 – 1117.

[45] Barro Robert J. On the Determination of the Public Debt[J]. Journal of Political Economy, 1979, 87(5): 940 – 971.

[46] Barry Eichengreen. Globalizing Capital: A History of the International Monetary System[M]. Princeton University Press. 1998.

[47] Bauwens L., Laurent S., and Roumbouts V. K. Multivariate GARCH Models: A Survey[J]. Journal of Applied Econometrics, 2006(21): 79 – 109.

[48] Bekaert G. Market Integration and Investment barriers in Emerging Equity Markets[J]. World Bank Economic Review, 1995, 9(1): 75 – 107.

[49] Bekaert G. and. Harvey C. R. Foreign Speculators and Emerging Equity

Markets[J]. Journal of Finance,2000,55(2):565 -613.

[50]Bekaert G. , and Harvey C. R. Time - varying World Market Integration [J]. Journal of Finance,1995,50(2):403 -444.

[51]Bekaert G. , C. R. Harvey, and A. Ng. Market Integration and Contagion [J]. Journal of Business,2005,39 -69.

[52]Blanchard O. Debt, Deficits and Finite Horizons[J]. Journal of Political Economy,1985,93 (2):237 -247.

[53]Blancheton B. , Bordes C. , Maveyraud S. , & Rous P. Risk of Liquidity and Contagion of the Crisis on the United States, United Kingdom and Euro Zone Money Markets[J]. International Journal of Finance & Economics,2012,17(2):124 -146.

[54]Blundell - Wignall A. and Slovik. The EU Stress Test and Sovereign Debt Exposures, OECD Working Papers on Finance[J]. Insurance and Private Pensions,2010.

[55]Blundell - Wignall A. and Patrick S. A Market Perspective on the European Sovereign Debt and Banking Crisis. OECD Journal[J]. Financial Market Trends,2011(2).

[56]Boyer B. , Kumagai T. , and Yuan K. How Do Crises Spread, Evidence from Accessible and Inaccessible Stock Indices[J]. Journal of Finance, 2006,61(2), 957 -1003.

[57]C. A. E. Goodhart, B. Hofmann and M. Segoviano. Bank Regulation and Macroeconomic Fluctuations[J]. Oxford Review of Economic Policy,2004, 20(4):591 -615.

[58]C. E. V. Borio, C. Furfine and P. W. Lowe. Procyclicality of the Financial System and Financial Stability. Issues and Policy Options[N]. BIS Working Paper,2001.

[59]Cai Y. , Chou R. , and Li D. Explaining International Stock Correlations

With CPI Fluctuations and Market Volatility[J]. Journal of Banking and Finance,2009,33(11):2026 - 2035.

[60] Capeci John. Local Fiscal Policies, Default Risk, and Municipal Borrowing Costs[J]. Journal of Public Economics,1994,53(1):73 - 89.

[61] Cappiello L., Engle R., and Sheppard K. Asymmetric Dynamics in the Correlations of Global Equity and Bond Returns[J]. Journal of Financial Econometrics,2006,4(4):537 - 572.

[62] Carmen M. Reinhart, and Kenneth S. Rogoff. This Time is Different[M]. Princeton and Oxford Princeton University Press,2009.

[63] Celk S. The More Contagion Effect on Emerging Markets. The Evidence of DCC - GARCH Model[J]. Economic Modelling,2012,29(5):1946 - 1959.

[64] Chandola T & Nuffield College. Ethnic and Class Differences in Health in Relation to British South Asians: Using the New National Statistics Socio - Economic Classification[J]. Social Science & Medicine,1982,52 (8): 1285 - 1296.

[65] Chen G. M., Firth M., and Rui O. M. Stock Market Linkages: Evidence from Latin America[J]. Journal of Banking and Finance,2002,26(6): 1113 - 1141.

[66] Cheung L., Fung L., & Sang Tam C. Measuring Financial Market Interdependence and Assessing Possible Contagion Risk in the EMEAP Region [N]. Working Papers, Hong Kong Monetary Authority.

[67] Chiang T. C., Jeon B. N., and Li H. Dynamic Correlation Analysis of Financial Contagion: Evidence from Asian Markets[J]. Journal of International Money and Finance,2007,26(7):1206 - 1228.

[68] Choe K., Choi P., Nam K., and Vahid F. Testing Financial Contagion on Heteroskedastic Asset Returns in Time - varying Conditional Correlation [J]. Pacific Basin Finance Journal,2012,20(2):271 - 291.

[69] Choudhry Moorad. The US Municipal Bond Market[J]. The Bond & Money Markets,2001:427 –433.

[70] Chudik A. and M. Fratzscher. Identifying the Global Transmission of the Financial Crisis in a GVAR Model[J]. European Economic Review,2011 (55):325 –339.

[71] Claessens S., Dell' Ariccia G., Igan D., & Laeven L. Cross – country Experiences and Policy Implications from the Global Financial Crisis[J]. Economic Policy,2010,25(62):267 –293.

[72] Connolly R. A., Strivers C., and Sun L. Commonality in the Time – variation of Stock – stock and Stock Bond Return Comovements[J]. Journal of Financial Markets,2007,10(2):192 –218.

[73] Corsetti G., Pericoli M., and Sbracia M. Some Contagion, Some Interdependence: More Pitfalls in Tests of Financial Contagion[J]. Journal of International Money and Finance,2005,24(8):1177 –1199.

[74] D. Gromb and D. Vayanos. Leverage and Liquidity Dry – Ups: A Framework and Policy Implications,2008.

[75] D. W. Diamond and P. H. Dybvig. Bank Runs, Deposit Insurance, and Liquidity[J]. Journal of Political Economy,1983,91(3):401 –419.

[76] D. W. Diamond and R. G. Rajan. The Credit Crisis: Conjectures about Causes and Remedies[J]. American Economic Review, 2009, 99 (2): 606 –610.

[77] Dooley M. and Hutchison M. Transmission of the U. S. Subprime Crisis to Emerging Markets: Evidence on the Decoupling – recoupling Hypothesis [J]. Journal of International Money and Finance,2009,28(8):1331 –1349.

[78] Dornbusch R., Park Y. C., & Claessens S. Contagion: Understanding How It Spreads[J]. The World Bank Research Observer,2000,15(2): 177 –197.

[79] Dungey M., Fry R., Gonzalez – Hermosillo, B. & Martin V. L. Empirical Modelling, 2005.

[80] E. I. Altman and A. Saunders. An Analysis and Critique of the BIS Proposal on Capital Adequacy and Ratings [J]. Journal of Banking and Finance, 2001, 25(1): 25 – 46.

[81] Engle R. E. Dynamic Conditional Correlation: A Simple Class of Multivariate Generalized Autoregressive Conditional Heteroskedasticity Models [J]. Journal of Business and Economic Statistics, 2002, 20(2): 339 – 350.

[82] Espinosa Marco and Steve Russell. The Mexican Economic Crisis: Alternative Views [J]. Economic Review Federal Reserve Bank of Atlanta, 1996: 21 – 44.

[83] F. Allen and D. Gale. Financial Contagion [J]. Journal of Political Economy, 2000, 108(1): 1 – 33.

[84] Fidrmuca J., and Korhonen I. The Impact of the Global Financial Crisis on Business Cycles in Asian Emerging Economies [J]. Journal of Asian Economics, 2010, 21 (3): 293 – 303.

[85] Forbes K. J. Are Trade Linkages Important Determinants of Country Vulnerability to Crises? [N/OL]. Working Paper, National Bureau of Economic Research. Available online at http://www.nber.org/papers/w8194, 2001.

[86] Forbes K., and Rigobon R. No Contagion, Only Interdependence: Measuring Stock Market Co-movements [J]. Journal of Finance, 2002, 57(5): 2223 – 2262.

[87] Gklezakou T., & Mylonakis J. Links and Interdependence of Developed Stock Markets Nder Global Economic Crisis Conditions [J]. Journal of Financial Services Marketing, 2010, 14(4): 314 – 327.

[88] Goetzmann W. N., Li L., and Rouwenhorst K. G. Long – term Global

Market Correlations[J]. Journal of Business,2001,78(1):1 -38.

[89] Gravelle T. ,Kichian M. ,& Morley J. Detecting Shift - contagion in Currency and Bond Markets[J]. Journal of International Economics,2006,68(2):409 -423.

[90] Gregorio, Landerretche and Neilson. Another Pass - through Bites the Dust? Oil Prices and Inflation[N]. Central Bank of Chile Working paper series, 2007:238.

[91] Hamao Y. , Masulis R. , and Ng V. Correlations in Price Changes and Volatility across International Stock Markets[J]. Review of Financial Studies,1990,3(2):281 -308.

[92] Hamilton D. J. A New Approach to the Economic Analysis of Nonstationary time Series and the Business Cycle[J]. Econometrica,1989,57 (2): 357 -384.

[93] Helsen, Jedid. A New Approach to Country Segmentation Utilizing Multinational Diffusion Patterns[J]. Journal of Marketing,1993,57(4):60.

[94] Hirshleifer D. , and Teoh S. H. Herd Behaviour and Cascading in Capital Markets: A Review and Synthesis[J]. European Financial Management, 2003,9(1):25 -66.

[95] I. Fisher. The Debt - Deflation Theory of Great Depressions[J]. Econometrica,1933,1(4):337 -357.

[96] IMF. World Economic Outlook: Growth resuming, Dangers Remain[Z]. IMF, Washington. DC,2012.

[97] J. Bullard. Seven Faces of the Peril[J]. Federal Reserve Bank of St. Louis Review,2010,92(5):339 - 352.

[98] J. C. Stein. An Adverse - Selection Model of Bank Asset and Liability Management with Implications for the Transmission of Monetary Policy[J]. RAND Journal of Economics,1998,29(3):466 -486.

[99]Jeon J. Q. , and Moffett C. M. Herding by Foreign Investors and Emerging Market Equity Returns: Evidence from Korea[J]. International Review of Economics and Finance,2010,19 (4):698 -710.

[100]John C. S. Tang and P. A. Salvador. Classification of Countries for International Development Planning Using Cluster Analysis[J]. Socio - Economic Planning Sciences,1986,20(4):237 -241.

[101] Johnston R. Barry Salim M. Darbar, Claudia Echeverria. Sequencing Capital Account Liberalization: Lessons from the Experiences in Chile, Indonesia, Korea and Thailand[N]. IMF Working Paper, International Monetary Fund,1997.

[102]K. T. Jacques. Capital Shocks, Bank Asset Allocation, and the Revised Basel Accord [J]. Review of Financial Economics, 2008, 17 (2): 79 -91.

[103] Kaminsky L. G. , and Reinhardt C. The Twin crises: The Causes of Banking and Balance - of - payments Problems[J]. American Economic Review,1999,89(3):473 -500.

[104]Kaminsky L. G. , Reinhardt C. , and Vegh C. The Unholy Trinity of Financial Contagion[J]. Journal of Economic Perspectives,2003,17(4): 51 -74.

[105] Kenourgios D. , and Padhi P. Emerging Markets and Financial Crises: Regional, Global or Isolated Shocks[J]. Journal of Multinational Financial Management,2012,22(1 -2):24 -38.

[106]Kenourgios D. , Samitas A. , and Paltalidis N. Financial Crises and Stock Market Contagion in a Multivariate Time - varying Asymmetric Framework[J]. Journal of International Financial Markets, Institutions and Money,2011,21(1):92 -106.

[107]Keynes John Maynard. The General Theory of Employment, Interest and

Money[M]. London, Macmillan and Co. , limited, 1936.

[108] Kim S. J. , Moshirian F. , and Wu E. Dynamic Stock Market Integration Driven by the European Monetary Union: An Empirical Analysis[J]. Journal of Banking and Finance,2005,29(10):2475 – 2502.

[109] Kose A. M. , Christopher O. , and Prasad E. Global Business Cycles: Convergence or Decoupling[J]. International Economic Review,2012,53(2):511 – 538.

[110] Kouretas P. G. , and Vlamis P. The Greek Crisis: Causes and Implications[J]. Panoeconomicus,2010(4):391 – 404.

[111] Krishna Mazumdar. Classification of Countries: A Socio – Economic Approach[J]. Social Indicators Research,1995,34(2):261 – 273.

[112] Krugman P. Geography and Trade [M]. Cambridge MA, USA. MIT Press, 1989.

[113] Krugman P. , Venables A. Globalization and the Inequality of Nations [J]. Quarterly Journal of Economics,1995(110):857 – 880.

[114] Lane R. P. , and Milesi – Ferretti G. M. The Cross – country Incidence of the Global Crisis[J]. IMF Economic Review,2011(59):77 – 110.

[115] Lessard D. R. International Portfolio Diversification: Multivariate Analysis for a Group of Latin American Countries[J]. Journal of Finance, 1973,28(3):619 – 633.

[116] Longin F. , and Solnik B. Is the Correlation in International Equity Returns Constant: 1960 – 1990? [J]. Journal of International Money and Finance,1995,14 (1):3 – 26.

[117] Longin F. , and Solnik B. Extreme Correlation in International Equity Markets[J]. Journal of Finance,2001,56(2):649 – 676.

[118] Longstaff F. A. The Subprime Credit Crisis and Contagion in Financial Markets[J]. Journal of Financial Economics,2010,97(3):436 – 450.

[119]M. K. Brunnermeier and L. H. Pedersen. Market Liquidity and Funding Liquidity[N]. NBER Working Papers,2007:12939.

[120]Manrai Lalita A. ,Manrai Ajay K. Lascu and Dana – Nicoleta[J]. International Business Review,2001,10(5):517.

[121]Marçal E F. , Periera V. L. P. , and Martin L. M. D. Evaluation of Contagion or Interdependence in the Financial Crises of Asia and Latin America, Considering the Macroeconomic Fundamentals[J]. Applied Economics,2011,43(19):2365 –2379.

[122]Miller V. Domestic Bank Runs and Speculative Attacks on Foreign Currencies[J]. Journal of International, Money and Finance, 1998, 17: 331 –338.

[123]N. Kiyotaki and J. Moore. Credit Cycles[J]. Journal of Political Economy,1997,105(2):211 –248.

[124]Naoui K. , Liouane N. , & Brahim S. A Dynamic Conditional Correlation Analysis of Financial Contagion: The Case of the Subprime Credit Crisis [J]. International Journal of Economics & Finance,2010,2(3):85 –96.

[125]O. Jeanne and L. E. O. Svensson. Credible Commitment to Optimal Escape from a Liquidity Trap: The Role of the Balance Sheet of an Independent Central Bank[J]. American Economic Review,2007,97(1): 474 –490.

[126]Obstfeld. Models of Currency Crisis with Self-Fulfilling Features[J]. European Economic Review, 1996,(4):37 –47.

[127]P. Lowe. Credit Risk Measurement and Procyclicality[N]. BIS Working Paper,Basel, 2002(116).

[128]P. Strahan. Liquidity Production in 21st Century Banking[N]. NBER Working Papers,2008(13798).

[129]Perez – Aleman, Paola. Collective Learning in Global Diffusion: Sprea-

ding Quality Standards in a Developing Country Cluster[J]. Organization Science,2011,22(1):173 -189.

[130] Phillip Cagan. Imported Inflation 1973 -74 and the Accommodation Issue [J]. Journal of Money, Credit and Banking, 1980, 12(1).

[131] Porter, Michael E. Location, Competition, and Economic Development: Local Clusters in a Global Economy[J]. Economic Development Quarterly,2000,14(1):15.

[132] R. J. Caballero, T. Hoshi and A. K. Kashyap. Zombie Lending and Depressed Restructuring in Japan[J]. American Economic Review,2008, 98(5):1943 - 1977.

[133] Roberto Cardarelli, Selim Elekdag, and M. Ayhan Kose. Capital Inflows: Macroeconomic Implications and Policy Responses[N]. IMF Working Paper, 2009.

[134] S. Brusco and F. Castiglionesi. Liquidity Coinsurance, Moral Hazard, and Financial Contagion [J]. Journal of Finance, 2007, 62 (5): 2275 -2302.

[135] S. J. Van den Heuvel. Does Bank Capital Matter for Monetary Transmission[J]. Federal Reserve Bank of New York Economic Policy Review, 2002,8(1):259 -265.

[136] Savva C. S., D. R. Osborn, and L. Gill. Spillovers and Correlations between US and Major European Stock Markets: The Role of the Euro [J]. Applied Financial Economics,2009(19):1595 -1604.

[137] Sethi S. Prakash. Comparative Cluster Analysis for World Markets[J]. Journal of Marketing Research (JMR). 1971,8(3):348 -354.

[138] Sohrab Abizadeh. Socioeconomic Classification of Countries: A Maximum Likelihood Factor Analysis Technique [J]. Social Science Research, 1986,15(2):7 -112.

[139] T. Adrian and H. S. Shin. Liquidity and Financial Contagion[J]. Banque de France Financial Stability Review, 2008(11): 1-8.

[140] T. Jappelli and M. Pagano. Information Sharing in Credit Markets[J]. Journal of Finance, 1993, 48(5): 1693-1718.

[141] T. Jappelli and M. Pagano. Information Sharing, Lending and Defaults: Cross-Country Evidence[J]. Journal of Banking and Finance, 2002, 26(10): 2017-2045.

[142] Temple Judy. The Debt/Tax Choice in the Financing of State and Local Capital Expenditures[J]. Journal of Regional Science, 1994, 34(4): 529-547.

[143] W. Wagner. Diversification at Financial Institutions and Systemic Crises[N]. Tilburg University Center for Economic Research Discussion Paper, 2006(71).

[144] W. Wagner. The Homogenization of the Financial System and Financial Crises[J]. Journal of Financial Intermediation, 2008, 17(3): 330-356.

[145] Walks John Joseph. American Government Finance in the Long Run: 1790 to 1990[J]. The Journal of Economic Perspectives, 2000(14): 61-82.

[146] Werner Soontiens. Chinese Ethnicity and Values: A Country Cluster Comparison[J]. Cross Cultural Management, 2007, 14(4): 321-335.

[147] Yang S. Y. A DCC Analysis of International Stock Market Correlations: The Role of Japan on the Asian Four Tigers[J]. Applied Financial Economic Letters, 2005(1): 89-93.

[148] Yiu M. S., W. A. Ho, and D. F. Choi. Dynamic Correlation Analysis of Financial Contagion in Asian Markets in Global Financial Turmoil[J]. Applied Financial Economics, 2010: 345-354.

致　谢

本书得以顺利完成，感谢师长、亲友和家人对我的支持、指导和帮助，在此表达最诚挚的谢意。

衷心感谢导师郭树清。成为郭老师的博士生，是我求学路上的幸运。郭老师高尚的人格、严谨的治学态度、丰富的金融工作经验、兼容并蓄的经济与哲学思想，成为我为人、为学的标杆和楷模。在博士攻读及论文构思的过程中，导师给予了严格的指导。尤其是，在论文的开题、写作及答辩过程中，老师给予了具体的帮助，使我对全球经济格局及债务问题有了更高的认识。

感谢时任山东省人民政府刘宏华副秘书长和段睿处长，你们的大力支持，使本书的写作、修改和反馈工作高效而顺畅。

感谢刘鸿儒老师，刘老师创建了中国人民银行研究生部，卓越的追求、传承的文化，塑造了金融界“黄埔军校”的严谨学风；感谢李燕明老师，引领我步入中国人民银行研究生部的大门；感谢康以同、张睿、司小娟、张伟和刁辉老师，你们的兢兢业业和勤恳付出，让我在中国人民银行研究生部的学习经历充满愉快而美好的回忆；感谢秦宛顺、靳云汇老师，你们讲授的经济学基础课程，为我打造了坚实的统计学基础；感谢专题课周小川、吴晓灵、吴念鲁、晏智杰、陈元、秦晓、谢平、李剑阁、穆怀朋、钱小安、王志伟、臧志风等老师的谆谆教诲及已故的唐旭老师，你们打开了我观察世界的一扇窗。

感谢刘鸿儒老师担任我的博士答辩组组长，主持了我的开题报告及答辩报告。感谢刘鸿儒、方芳、纪志宏、金中夏老师在开题报告中对论文提纲和论述维度提出的宝贵指导意见；感谢论文提纲二次修改时，管涛、丁志杰老师给予的诚恳指导和建议；感谢同门学友黄昊、马尧、牛少峰、罗林、周心鹏、王蕾的无私帮助和经验分享；感谢论文研究过程中，博士同学龙军、陈光磊、学友管清友的大力支持；论文写作期间，我任职于国家发展和改革委员会财金司，感谢时任国家发展和改革委员会财金司田锦尘司长、李聚合副司长及证券处领导同事的支持；感谢博士班同学间的相互鼓励和交流；同时感谢五道口一众学友汪海东、曹勇、孙莉、王鑫、朱大鹏、李钟、代幼渝等，在我博士学习的各个阶段指引了我。

真诚地感谢我的家人，感谢父亲严谨治学的传统，感谢母亲的诸多美德，你们是我的坚强后盾，让我成为更丰富的人。

最后，感谢伟大的祖国和伟大的时代。作为一名中国人，得到多方面的培养，在全球变革中，用知识、智慧、勇气、热情及一颗拳拳的赤子之心，服务于国家，是时代给予的荣耀。感恩，感激。

祝福祖国，繁荣昌盛。

何珊

2019 年 12 月